Über dieses Buch
Waren Hänsel und Gretel in Wirklichkeit Erwachsene, die eine als Hexe verschrieene alte Frau vorsätzlich töteten? Waren die Bremer Stadtmusikanten ursprünglich »Rentner«, die sich zusammentaten, um ein Haus zu besetzen? »Es war einmal...«, so erzählen die Gebrüder Grimm, und wie es weitergeht in den »Kinder- und Hausmärchen«, die sie gesammelt haben, das wissen wir alle. — Aber war es wirklich so? Iring Fetscher, der bekannte Frankfurter Politologe, selbst Vater von vier Kindern, ist dem Wahrheitsgehalt der Märchen auf den Grund gegangen und hat eine Unmenge Fälschungen, Irrtümer und Mißverständnisse entdeckt. Und so erzählt er die dreizehn bekanntesten Märchen auf seine Weise, indem er praktisch ein völlig neues Bild ihres politischen, sozialen und psychologischen Hintergrundes liefert, beziehungsweise Spekulationen darüber anstellt, wie es tatsächlich gewesen sein könnte.

Der Autor
Iring Fetscher, 1922 in Marbach geboren, ist Professor für politische Wissenschaft an der Universität Frankfurt. Er wurde als Autor und Herausgeber zahlreicher Standardwerke der Darstellung und Erforschung des Marxismus international bekannt.

Iring Fetscher

Wer hat Dornröschen wachgeküßt?

Das Märchen-Verwirrbuch

Fischer
Taschenbuch
Verlag

Fischer Taschenbuch Verlag
1.–20. Tausend: April 1974
21.–30. Tausend: Juli 1974
31.–45. Tausend: Dezember 1974
46.–57. Tausend: Juni 1975
58.–75. Tausend: März 1976
76.–95. Tausend: Dezember 1976
Ungekürzte Ausgabe

Umschlagentwurf: Jan Buchholz/Reni Hinsch

Fischer Taschenbuch Verlag GmbH, Frankfurt am Main
Lizenzausgabe mit freundlicher Genehmigung des Claassen Verlages
© 1972 by Claassen Verlag GmbH, Hamburg und Düsseldorf
Gesamtherstellung: Hanseatische Druckanstalt GmbH, Hamburg
Printed in Germany
1446-380-ISBN-3-436-01858-9

Inhalt

Vorwort	9
Einleitung	10

Erster Teil
Zur Rehabilitierung der Wölfe

1. Der Wolf und die sieben jungen Geißlein (Grimm)	16
Die Geiß und die sieben jungen Wölflein	19
2. Rotkäppchen (Grimm)	24
Rotschöpfchen und der Wolf	28

Zweiter Teil
Der Aufstieg der Bourgeoisie, die antifeudale Revolution und Probleme der antagonistischen Gesellschaft

1. Hans im Glück (Grimm)	34
Hans im Glück und Paul im Geschäft	39
2. Sneewittchen (Grimm)	45
Das Ur-Schneewittchen	53
3. Tischchen deck dich, Goldesel und Knüppel aus dem Sack (Grimm)	57
Tischchen deck dich, Goldesel und Knüppel aus dem Sack, eine volkschinesische Deutung und ihre orthodox-marxistische Kritik	66
4. Das tapfere Schneiderlein (Grimm)	70
Das tapfere Schneiderlein oder Die schönen Herrschaftsträume der Bourgeoisie	78
5. Aschenputtel (Grimm)	**82**
Aschenputtels Erwachen	89
6. Frau Holle (Grimm)	93
Der Pech-Marie-Report	96
7. Die Bremer Stadtmusikanten (Grimm)	102
Die Bremer Stadtmusikanten oder Die erste gelungene Hausbesetzung durch ein Rentnerkollektiv	105

8. Hänsel und Gretel (Grimm) 109
Hänsel und Gretels Entlarvung oder Eine Episode
aus der Geschichte des Präfaschismus 116
9. Rumpelstilzchen (Grimm) 121
Rumpelstilzchen und die Frankfurter Schule 124

Dritter Teil
Sexuelle Probleme von Königstöchtern

1. Der Froschkönig oder der eiserne Heinrich (Grimm) 130
Der Froschkönig oder
Die Überwindung des infantilen Narzißmus 134
2. Dornröschen (Grimm) 139
Dornröschen oder
Die Überwindung der Deflorations-Phobie 143

Nachwort zur Taschenbuchausgabe 149

Überblick
über die angewandten Verwirr-Methoden:

Methode I
(philologisch-textkritische Methode):

Die Geiß und die sieben jungen Wölflein,
Rotschöpfchen und der Wolf,
Das Ur-Schneewittchen,
Aschenputtels Erwachen und
Pech-Marie-Report.

Methode II
(Psychoanalyse):

Rotschöpfchen und der Wolf,
Tischchen deck dich,
Der Froschkönig und Dornröschen.

Methode III
(historischer Materialismus, Prinzip Hoffnung):

Hans im Glück und Paul im Geschäft,
Tischchen deck dich,
Aschenputtels Erwachen,
Pech-Marie-Report,
Die Bremer Stadtmusikanten,
Hänsel und Gretels Entlarvung,
Das tapfere Schneiderlein und Rumpelstilzchen.

Vorwort

In einem Vorwort soll der Autor allen danken, die ihm zum Schreiben verholfen haben. Das Märchen-Verwirrbuch dankt seine Entstehung drei höchst unterschiedlichen »Instanzen«: meinen vier Kindern, dem hessischen Hochschulgesetz und einem französischen Chirurgen. Meine Kinder sind daran schuld, daß ich mir eine profunde Kenntnis der Grimmschen »Kinder- und Haus-Märchen« aneignete; das hessische Hochschulgesetz, das jedes Mitglied der universitären Selbstverwaltung zu stundenlangen und oft ziemlich langweiligen Sitzungen verpflichtet, ließ mich — da während der Sitzungen natürlich an »ernsthafte« Arbeit nicht zu denken ist — die Zeit zum Ausdenken von Märchen-Verwirrungen nutzen, und der französische Chirurg machte mich während der letzten Ferien durch zwei kräftige Schnitte in den rechten Daumen arbeitsunfähig, was abermals den Märchen zugute kam. Alle drei[1] haben eigentlich eine Widmung verdient. Schließlich will ich nicht unerwähnt lassen, daß ich auch daran gedacht habe, das Buch der neuen *Gesamthochschule in Kassel* zu dedizieren, an deren Entstehung ich durch Mitarbeit in einer Berufskommission beteiligt war und die Grund hat, sich der Brüder Grimm zu erinnern, weil sie vor über 150 Jahren von Kassel aus die »Kinder- und Haus-Märchen« ins Land hinausgeschickt haben.

Frankfurt, Frühjahr 1972

---

[1] Für das Hochschulgesetz mein früherer Kollege Kultusminister Ludwig von Friedeburg.

Einleitung

> Nicht die Kinder bloß speist man mit Märchen ab.
> *Lessing*, Nathan der Weise.

> Ohne Poesie läßt sich nichts in der Welt wirken:
> Poesie aber ist Märchen.
> *Goethe* zu Kanzler von Müller.

> Verwirren können — selbst der Verwirrung entgehen ...
> *Hi Hi-Hao-Dsu* (2500 v. d. Z.)

Der bekannte englische Soziolinguist Basil Bernstein charakterisiert Märchen als »Formen verbaler Botschaften, die sich maximaler Redundanz nähern«.[1] Redundanz ist ein gelehrtes-Modewort für Inhaltsleere. Mit anderen Worten: Derjenige, dem man ein Märchen erzählt, erfährt nichts Neues, ja er pflegt sogar großen Wert darauf zu legen, daß die Geschichte genauso wiedererzählt wird, wie er sie schon oft und oft gehört hat. Eine Mutter beginnt eine Geschichte: »Eines Tages ging das kleine Rotkäppchen allein in den Wald« — ritualisierte Pause —, »und was glaubst Du, ist dann passiert?« — ritualisierte Frage. Wenn diese Mutter ihre persönlichen Erfahrungen oder ihre Einzigartigkeit dem Kinde zu übermitteln wünscht, so ist sie außerstande, das durch Variierung der verbalen Möglichkeiten zu tun. Sie kann es nur dadurch erreichen, daß sie die Botschaften, die sie durch die extraverbalen Kanäle übermittelt, variiert: durch Änderung der Muskel-

---

[1] Wie eng und formal das Sprachverständnis dieser jungen Wissenschaft ist wird deutlich, wenn man mit seiner Charakterisierung des Märchens den etymologischen Sinn von »Märchen« vergleicht. Das Wort kommt nämlich vom indogermanischen Stamm mero, der noch in »mehr« oder auch im altirischen mar und mor (d. h. ansehnlich oder groß für denjenigen, der zufällig des Altirischen nicht kundig sein sollte) enthalten ist. Der ursprüngliche Wortsinn ist noch in den Verbindungen »Waldemar«, —Theudemar« usw. enthalten, was mit berühmt wiedergegeben werden kann. Von da aus muß dann die Bedeutung »Kunde«, große und wichtige Nachricht usw., entstanden sein. Das Wörterbuch von Kluge-Götze, dem diese Angaben entnommen sind, verweist noch auf Luthers »gute neue Mär« in dem bekannten Weihnachtslied. Eine Mär ist also ursprünglich eine fürs Volk hochbedeutsame Kunde, Information, Nachricht. Die Verkleinerungsform »Märlein« oder »Märchen« könnte dem Willen zur Herabsetzung und Verniedlichung derartiger Informationen entsprungen sein und wäre dann der Absicht der noch mächtigen feudalen Reaktion zuzuschreiben, den Ausbau des sozialen Kommunikationsnetzes des einfachen Volkes zu behindern. Ganz ähnlich wie aus den mittelalterlichen Partisanen »Zwerge« gemacht wurden, sollte die wichtige Kunde über ihre Existenz und Tätigkeit zum bloßen »Märchen« verniedlicht werden.

spannung (sofern sie das Kind hält), durch Änderung der Mimik und Gestik oder der Betonung. Andere Möglichkeiten sieht jedenfalls Basil Bernstein nicht. Da ich mich — meiner vier Kinder wegen — ziemlich häufig in der von ihm als so bemitleidenswert geschilderten Lage befand, begann ich auf einen Ausweg zu sinnen. Schließlich fand ich heraus, wie die fixierten Stereotypien der Grimmschen Märchen aufgelöst werden können und auf welchen Wegen *jeder* Märchenerzähler, der über die zeitgemäße Allgemeinbildung verfügt, mit Hilfe von drei vorzüglich bewährten *Verwirr-Methoden* erfreulich vielfältige Umformulierungen und Entschlüsselungen zustande bringen kann. Damit ist der Bann des sogenannten »reduzierten Codes« gebrochen. Die Märchenerzählerinnen und -erzähler — Basil Bernstein scheint einseitig an das Rollenklischee von der märchenerzählenden *Mutter* fixiert zu sein — können sich von der tradierten Märchenredundanz lösen und ihre »Einzigartigkeit« künftig auch verbal artikulieren. Als kleine Anleitung zum Do-it-yourself-Märchen-Verwirren gebe ich eine Übersicht über die zur Zeit bekanntesten und erprobtesten Verwirr-Methoden:

Erste Verwirr-Methode: Philologische Textkritik und Exegese

Die älteste, aber immer noch sehr brauchbare Verwirr-Methode ist die philologische. Sie wurde — wie nicht anders zu erwarten — vom aufsteigenden kritischen Bürgertum zur Zeit des Humanismus entwickelt, um hinter der verfälschten (christlich korrigierten) Überlieferung die antiken Originaltexte wieder erkennbar zu machen. Später wurde diese Methode immer kritischer, und schließlich wandten sie mutige Theologen sogar auf den biblischen Text selbst an. Diese Methode besteht darin, daß man verschiedene Texte zum gleichen Thema miteinander vergleicht, auf eine plausible Art erklärt, welcher Text der älteste ist, und dann an den anderen so lange herumdeutet, bis sie entweder als absolut unauthentisch beiseite geschoben werden können oder aber mit dem erwünschten Grundtext übereinstimmen. Diese Methode eignet sich ausgezeichnet für literarische Kontroversen mit gelehrten Kollegen und wurde jahrhundertelang von jungen Privatdozenten dazu benützt, selbst einträgliche Lehrstühle zu ergattern. Wenn das Studium von Originaltexten zu mühsam oder wegen des Verlustes oder der Unauffindbarkeit der

Quellen unmöglich ist, dann kann mit Hilfe einer frei schweifenden Phantasie das Fehlende oft erfolgreich und bequem ersetzt werden. Einige Virtuosen auf dem Gebiet der Textkritik und Exegese haben es fertiggebracht, Hunderte von Seiten über ein falsch gesetztes und damit sinnentstellendes Komma zu schreiben oder auch durch Rückgriff auf den ursprünglichen Wortsinn eines Ausdrucks den Sinn einer Textstelle auf den Kopf (oder — wie sie überzeugt waren — auf die Füße) zu stellen. Kurz, mit Hilfe eines guten Philologen läßt sich leicht aus beliebigen (allerdings möglichst dunklen) Texten fast jeder gewünschte Sinn herauslesen.

Zweite Verwirr-Methode: Psychoanalyse

Erst in diesem Jahrhundert wurde die psychoanalytische Verwirr-Methode von ihrem Begründer Sigmund Freud (1856 bis 1939) mit großem Erfolg auch auf kulturelle Phänomene angewandt. Sie besteht darin, Aussagen von Individuen als verschlüsselte Botschaften ihres Unbewußten aufzufassen, die mit Hilfe einer erlernbaren Entschlüsselungsmethode dechiffriert werden können. Ihre Kenntnis soll dem Psychiater zu erfolgreicher Hilfestellung beim Prozeß der Selbstheilung seelisch Kranker befähigen. Auf kulturelle Produktionen angewandt, erlaubt die Methode eine Entdeckung der unbewußten Motive von Künstlern, Erzählern, Dichtern, Musikern. Soweit derartige Produktionen als Ausdruck des Unbewußten (Ubw) gedeutet werden können, fällt es dem Psychoanalytiker leicht, ja nach dem er z. B. das Ausgesagte als Angsttraum oder Wunscherfüllung begreift, entgegengesetzte Interpretationen anzubieten. Übrigens hat die analytische Verwirr-Methode einen nicht hoch genug zu schätzenden Vorteil: sie ist unwiderlegbar. Jeder Versuch der Widerlegung, ja schon der leise angemeldete Zweifel kann nämlich vom Analytiker leicht als charakteristisches Symptom eines aus dem Unbewußten kommenden *Widerstands* gedeutet werden, der — wider die bewußte Absicht des Zweiflers — als klarer Beweis für die Richtigkeit der Deutung erscheint. Gerade weil die Analyse etwas zutage gefördert hat, was das Unbewußte »trifft«, leistet dieses Widerstand, und der vom Bewußtsein gelieferte Grund für den Zweifel ist nur eine nachträglich produzierte, im Dienste der Abwehr des Unbewußten stehende »Rationalisierung«. Der Analytiker kann daher nicht widerlegt und kritisiert werden. Entweder man stimmt ihm freiwillig zu, dann hat er ohnehin recht, oder man widerspricht ihm, dann verrät sich das eigne Unterbewußte und gibt durch seinen Widerstand unbeabsichtigt die Wahrheit preis. Natürlich könnten zur Märchen-Verwirrung auch die anderen tiefenpsychologischen »Schulen« — etwa die *Alfred Adlers*, die an die Stelle der Freudschen Libido den Machtwillen zum zentralen Streben des Menschen macht, oder die marxistisch-revolutionär transformierte Analyse *Wilhelm Reichs* — Wesentliches beitragen. Die C. G. Jungsche Schule dürfte sich freilich, weil sie selbst allzu verworren ist, zum aktiven Verwirren weniger gut eignen.

Dritte Verwirr-Methode:
Historischer Materialismus und Prinzip Hoffnung

Der historische Materialismus eignet sich zum Märchen-Verwirren besonders gut. Da Märchen Volks-Produkte sind, kann man von vornherein annehmen, daß in ihnen auch die ökonomischen Interessen des einfachen Volkes zum Ausdruck kommen. Ernst Bloch hat auf den fundamentalen Unterschied zwischen reaktionären Sagen und emanzipatorischen Märchen hingewiesen. Im Märchen siegt oft die List der Schwachen über die Macht der Mächtigen. In der Sage dominieren dämonische Gewalten, deren Treiben niemand begreift und durchschaut, im Märchen haben Vernunft und praktische Klugheit ihren Platz. Sie sind entmythologisiert. Das romantische Gemüt der deutschen Märchensammler *(Jacob* und *Wilhelm Grimm*, 1785—1863 und 1786—1859) hat freilich den rationalen und emanzipatorischen Charakter der Märchen (die sie »Kinder- und Haus-Märchen« nannten) oft wieder ins Sagenhafte verdunkelt, so daß mit Hilfe der philologischen Methode zuweilen erst »Ur-Märchen« erschlossen werden müssen, ehe die geschichtsmaterialistische Methode zum Zuge kommen kann. Bei einer marxistischen Deutung kommt es natürlich vor allem auf die richtige Bestimmung des Klassencharakters und der historischen Entwicklungsstufe an. Klassen sind nicht zu allen Zeiten progressiv oder reaktionär. In den Grimmschen Märchen kommen frühbürgerliche und kleinbürgerlich-frühkapitalistische Strebungen, aber auch schon präfaschistisch-reaktionäre Ereignisse vor. Die Brüder Grimm selbst waren weder eindeutig bürgerlich-revolutionär (Jacob wurde zwar ins Paulskirchen-Parlament gewählt, schloß sich aber dort der

»Erbkaiser-Partei« an) noch durch und durch reaktionär (immerhin wurden sie 1837 wegen eines mutigen Protestes gegen die Aufhebung des hannöverschen Staatsgrundgesetzes ihres Amtes als Professoren in Göttingen enthoben). Dementsprechend dürften ihre Märchenbearbeitungen ambivalenten Charakter haben. Auch darf man in diesem Zusammenhang den rückständigen Charakter des damaligen Deutschland (1818 2. verbesserte Auflage der Märchen) und die notorische Schwäche des deutschen Bürgertums nicht unbeachtet lassen. Aus den genannten Gründen muß die geschichtsmaterialistische Methode zunächst feststellen, ob ein Märchen unmittelbarer Ausdruck aufsteigender Volksschichten (des »niederen Volkes«, wie man die vorproletarischen Massen des Spätfeudalismus nennen kann) oder bereits — mit oder ohne Verschulden der Überlieferer — konservative Sozialisierungshilfe im Rahmen einer etablierten bürgerlichen Klassengesellschaft ist. Erst dann kann der Märchengehalt selbst zur Sprache gebracht werden. Mehr noch als im Falle der Psychoanalyse (die sich selbstverständlich auch mit der geschichtsmaterialistischen Verwirrung kombinieren läßt), ist hier eine Heranziehung der philologischen Textkritik und die Suche nach Urfassungen notwendig (vergleiche: Ur-Schneewittchen und Pech-Marie-Report).
Eine eigenständige Variante der geschichtsmaterialistischen ist die von Ernst Bloch entwickelte Methode. Sie geht davon aus, daß insbesondere die kollektiven (aber oft auch die individuellen) Kulturprodukte, zu denen ja die Märchen in erster Linie gehören (aber auch Volkslieder usw.), oft genug Antizipationen künftigen Glücks, Utopien einer besseren Welt sind. So träumt sich etwa im »Tapferen Schneiderlein« das aufsteigende Bürgertum seinen künftigen Sieg über den Feudaladel und das Königtum herbei, und in allen Märchen, in denen Zauberer und Teufel überlistet werden, wird der noch immer ausstehende Sieg über den verzaubernden Bann des Kapitalismus und seinen Warenfetischismus erhofft. Nur selten freilich bietet das Märchen auch Strategievorschläge für solche Befreiung an und wenn — dann meist in äsopischer Sprache.
Selbstverständlich gibt es noch viele andere, von mir hier nicht benutzte und nicht erwähnte Verwirr-Methoden, aber bereits die vorgeschlagenen drei Methoden können — miteinander kombiniert oder einzeln — jeden Märchenerzähler vom beschränkenden Zwang des reduzierten Codes befreien.

Erster Teil

Zur Rehabilitierung der Wölfe

1. Der Wolf und die sieben jungen Geißlein

Es war einmal eine alte Geiß, die hatte sieben junge Geißlein und hatte sie lieb, wie eine Mutter ihre Kinder liebhat. Eines Tages wollte sie in den Wald gehen und Futter holen, da rief sie alle sieben herbei und sprach. »Liebe Kinder, ich will hinaus in den Wald, seid auf eurer Hut vor dem Wolf. Wenn er hereinkommt, so frißt er euch alle mit Haut und Haar. Der Bösewicht verstellt sich oft, aber an seiner rauhen Stimme und an seinen schwarzen Füßen werdet ihr ihn gleich erkennen.« Die Geißlein sagten: »Liebe Mutter, wir wollen uns schon in acht nehmen, Ihr könnt ohne Sorge fortgehen.« Da meckerte die Alte und machte sich getrost auf den Weg.
Es dauerte nicht lange, so klopfte jemand an die Haustür und rief: »Macht auf, ihr lieben Kinder, eure Mutter ist da und hat jedem von euch etwas mitgebracht.« Aber die Geißerchen hörten an der rauhen Stimme, daß es der Wolf war. »Wir machen nicht auf«, riefen sie, »du bist unsere Mutter nicht, die hat eine feine und liebliche Stimme, aber deine Stimme ist rauh; du bist der Wolf.« Da ging der Wolf fort zu einem Krämer und kaufte sich ein großes Stück Kreide: Die aß er und machte damit seine Stimme fein. Dann kam er zurück, klopfte an die Haustür und rief: »Macht auf, ihr lieben Kinder, eure Mutter ist da und hat jedem von euch etwas mitgebracht.« Aber der Wolf hatte seine schwarze Pfote in das Fenster gelegt, das sahen die Kinder und riefen: »Wir machen nicht auf, unsere Mutter hat keinen schwarzen Fuß wie du: Du bist der Wolf.« Da lief der Wolf zu einem Bäcker und sprach: »Ich habe mich an den Fuß gestoßen, streich mir Teig darüber.« Und als ihm der Bäcker die Pfote bestrichen hatte, so lief er zum Müller und sprach: »Streu mir weißes Mehl auf meine Pfote.« Der Müller dachte: »Der Wolf will einen betrügen«, und weigerte sich, aber der Wolf sprach: »Wenn du es nicht tust, so fresse ich dich.« Da fürchtete sich der Müller und machte ihm die Pfote weiß. Ja, so sind die Menschen.
Nun ging der Bösewicht zum drittenmal zu der Haustür, klopfte an und sprach: »Macht mir auf, Kinder, euer liebes Mütterchen ist heimgekommen und hat jedem von euch etwas

aus dem Walde mitgebracht.« Die Geißerchen riefen: »Zeig uns erst deine Pfote, damit wir wissen, daß du unser liebes Mütterchen bist.« Da legte er die Pfote ins Fenster, und als sie sahen, daß sie weiß war, so glaubten sie, es wäre alles wahr, was er sagte, und machten die Tür auf. Wer aber hereinkam, das war der Wolf. Sie erschraken und wollten sich verstecken. Das eine sprang unter den Tisch, das zweite ins Bett, das dritte in den Ofen, das vierte in die Küche, das fünfte in den Schrank, das sechste unter die Waschschüssel, das siebente in den Kasten der Wanduhr. Aber der Wolf fand sie alle und machte nicht langes Federlesen: Eins nach dem andern schluckte er in seinen Rachen; nur das jüngste in dem Uhrkasten, das fand er nicht. Als der Wolf seiner Lust gefrönt hatte, trollte er sich fort, legte sich draußen auf der grünen Wiese unter einen Baum und fing an zu schlafen.

Nicht lange danach kam die alte Geiß aus dem Walde wieder heim. Ach, was mußte sie da erblicken! Die Haustür stand sperrweit auf: Tisch, Stühle und Bänke waren umgeworfen, die Waschschüssel lag in Scherben, Decke und Kissen waren aus dem Bett gezogen. Sie suchte ihre Kinder, aber nirgends waren sie zu finden. Sie rief sie nacheinander bei Namen, aber niemand antwortete. Endlich, als sie an das jüngste kam, da rief eine feine Stimme: »Liebe Mutter, ich stecke im Uhrkasten.« Sie holte es heraus, und es erzählte ihr, daß der Wolf gekommen wäre und die andern alle gefressen hätte. Da könnt ihr denken, wie sie über ihre armen Kinder geweint hat.

Endlich ging sie in ihrem Jammer hinaus, und das jüngste Geißlein lief mit. Als sie auf die Wiese kam, so lag da der Wolf an dem Baum und schnarchte, daß die Äste zitterten. Sie betrachtete ihn von allen Seiten und sah, daß in seinem angefüllten Bauch sich etwas regte und zappelte. »Ach Gott«, dachte sie, »sollen meine armen Kinder, die er zum Abendbrot hinuntergewürgt hat, noch am Leben sein?« Da mußte das Geißlein nach Haus laufen und Schere, Nadel und Zwirn holen. Dann schnitt sie dem Ungetüm den Wanst auf, und kaum hatte sie einen Schnitt getan, so streckte schon ein Geißlein den Kopf heraus, und als sie weiter schnitt, da sprangen nacheinander alle sechse heraus und waren noch alle am Leben und hatten nicht einmal Schaden gelitten, denn das Ungetüm hatte sie in der Gier ganz hinuntergeschluckt. Das war eine Freude! Da herzten sie ihre liebe Mutter und hüpften wie ein Schneider, der Hochzeit hält. Die Alte aber sagte: »Jetzt geht

und sucht Wackersteine, damit wollen wir dem gottlosen Tier den Bauch füllen, solange es noch im Schlafe liegt.« Da schleppten die sieben Geißerchen in aller Eile die Steine herbei und steckten sie ihm in den Bauch, soviel sie hineinbringen konnten. Dann nähte ihn die Alte in aller Geschwindigkeit wieder zu, daß er nichts merkte und sich nicht einmal regte.
Als der Wolf endlich ausgeschlafen hatte, machte er sich auf die Beine, und weil ihm die Steine im Magen so großen Durst erregten, so wollte er zu einem Brunnen gehen und trinken. Als er aber anfing zu gehen und sich hin und her zu bewegen, so stießen die Steine in seinem Bauch aneinander und rappelten. Da rief er:

>»Was rumpelt und pumpelt
> in meinem Bauch herum?
> Ich meinte, es wären sechs Geißlein,
> so sind's lauter Wackerstein'.«

Und als er an den Brunnen kam und sich über das Wasser bückte und trinken wollte, da zogen ihn die schweren Steine hinein, und er mußte jämmerlich ersaufen. Als die sieben Geißlein das sahen, da kamen sie herbeigelaufen, riefen laut »Der Wolf ist tot! Der Wolf ist tot!« und tanzten mit ihrer Mutter vor Freude um den Brunnen herum.

Die Geiß und die sieben jungen Wölflein

Das Märchen vom »Wolf und den sieben Geißlein« offenbart das Tier als hinterlistig, heimtückisch und böse. Unter Benützung werbewirksamer Verpackung (Verkleidung) und Verstellung täuscht das Tier die arglosen Geißlein über seine böse Absicht. Nicht animalischer Heißhunger charakterisiert diesen Wolf, sondern seine anthropomorphe Hinterlist. Die Vermutung lag nahe, daß es sich bei dem bekannten, von den konservativen Brüdern Grimm überlieferten Märchen um ein Fragment handelt, dessen erster, verlorener (oder unterdrückter?) Teil Auskunft über die Gründe dieser wölfischen Charakterdeformation gegeben haben müßte.

Ausgehend von dieser plausiblen Hypothese, ist es nun einem namhaften Volkskundler — offenbar progressiver Orientierung — in der Tat gelungen, aus wenigen verstreuten Details diesen ersten, verloren geglaubten Märchenteil zu rekonstruieren. Die Unterdrückung dieses Teils durch die spätere Überlieferung (die u. E. nicht allein den Brüdern Grimm angelastet werden sollte) dürfte im übrigen kein historischer Zufall sein. Sie soll ganz offensichtlich der indirekten Rechtfertigung des »wölfischen« Verhaltens der Menschen des konkurrenz-kapitalistischen Zeitalters dienen, indem sie in der freien Natur lebenden Tieren einen verwandten Charakter unterstellt.

Als Datierung für die ideologisch motivierte Verkürzung der Märchenüberlieferung ergibt sich damit eine Zeit nach der Publikation von Thomas Hobbes »De Cive« (1641), in dem die Metapher »homo homini lupus« (ein Mensch ist des andren Wolf) erstmals zur Kennzeichnung der menschlichen Gesellschaft benützt wird. Die nachstehende Fassung des ersten, einleitenden Teils des Märchens »der Wolf und die sieben jungen Geißlein« stellt eine literarisch abgerundete Rekonstruktion dar, mit der sich die bundesdeutsche Volkskunde in die internationale Diskussion einschalten und ihr progressives Niveau endlich überzeugend beweisen möchte.

Es war einmal eine glückliche und zufriedene Wolfsfamilie. Vater Wolf, Mutter Wolf und sieben kleine Wolfskinder, die als Siebenlinge zur Welt gekommen waren und noch nicht allein in den Wald gehen durften.

Eines Tages, als Vater Wolf schon auf Arbeit gegangen war, sagte Mutter Wolf zu ihren Kindern: »Kinder, ich muß heute zum Bettenhaus ›Moos und Flechte‹ gehen, um für euch neue Betten zu kaufen, denn die alten sind ganz durchgelegen und nicht mehr bequem, von anderen Mängeln ganz zu schweigen. Seid schön brav und geht nicht aus der Höhle, während ich weg bin, man weiß nie, wer durch den Wald kommt: Jäger, Polizisten, Soldaten oder andere bewaffnete Leute, die es mit jungen Wölfen nicht gut meinen. Gegen Mittag werde ich wiederkommen und allen, die brav gewesen sind, etwas Schönes mitbringen.«

»Ja, ja, natürlich, natürlich«, antworteten die sieben kleinen Wölflein ungeduldig, denn sie wollten, daß die Mutter endlich gehen sollte, damit sie ungestört toben und Moosschlachten veranstalten konnten. Sobald die Mutter Wolf gegangen war, begannen die kleinen Wölflein ausgelassen zu spielen. Als aber vielleicht eine Stunde vergangen war, scharrte es am Höhleneingang, und eine Stimme rief:

»Kommt heraus, ihr lieben Kinderchen, eure Mama ist wieder da und hat jedem etwas Feines mitgebracht, kommt nur schnell, damit ihr es an der hellen Sonne auch gut sehen könnt.« Aber, während sie dies sagte, klang die Stimme so scheppernd und meckernd, daß die Wölflein laut riefen:

»Nein, wir kommen nicht hinaus, du bist nicht unsere Mama, du bist die alte Meckerziege, unsere Mama hat eine tiefe, schöne Stimme!« Da ärgerte sich die böse Geiß und überlegte, wie sie es anstellen sollte, daß ihre Stimme so tief und wohltönend würde wie die von Mama Wolf.

In ihrer Ratlosigkeit ging sie — wie das viele Tiere im Walde tun — zu einem alten Uhu, der überall als das weiseste Tier bekannt war. »Lieber Uhu«, sagte die Geiß, »wie kann ich es nur anstellen, daß meine Stimme so tief und wohltönend wird wie die einer Wolfsmutter?«

Der alte Uhu legte den Kopf auf die Seite und dachte

einen Augenblick nach, dann sagte er: »Am besten wird es sein, wenn du bei mir Gesangsunterricht nimmst, aber ich kann's nicht umsonst machen.«
»Das laß nur meine Sorge sein«, meinte die Geiß, »du kannst von mir einen Liter feinster, vollfetter Ziegenmilch haben, aus der man echten Ziegenkäse machen kann.«
»Ein Liter ist nicht genug«, meinte der alte Uhu, »aber für zwei will ich's wohl machen.«
»Nun gut«, meinte die Geiß, »wenn du dir unbedingt den Magen mit soviel Käse verderben willst, sollen es auch zwei Liter sein«, und sie begannen die Gesangsstunde.
Der alte Uhu aber war ein so guter Lehrer und die Geiß wegen ihres Interesses an der Täuschung der Wolfskinder eine so aufmerksame Schülerin, daß sie in einer halben Stunde eine schöne, tiefe Baßstimme bekam, mit der sie in jedem Kirchenchor hätte auftreten können.
Nachdem sie den Uhu bezahlt hatte, ging sie zurück zu der Höhle der kleinen Wölfe. Abermals rief sie: »Kommt heraus, ihr lieben Kinderchen, eure Mama ist wieder da und hat jedem etwas Feines mitgebracht, kommt nur schnell, damit ihr es an der hellen Sonne auch gut sehen könnt.«
Und diesmal klang die Stimme so tief und schön, daß die kleinen Wölflein vollkommen getäuscht wurden und blinzelnden Auges hinausliefen in die strahlende Vormittagssonne. Kaum aber waren sie draußen, da wurden sie auch schon von der bösen Geiß auf die Hörner genommen und hoch hinauf in einen Tannenbaum geschleudert, an dessen Zweigen sie sich ängstlich festhielten, denn Wölfe können, wie ihr wißt, nicht klettern.
Der Ausgang der Wolfshöhle war so klein, daß immer nur ein Wölflein auf einmal hinauskonnte, und da die anderen nachdrängten, konnten die vordersten auch nicht mehr zurück, als sie erkannt hatten, wer draußen stand. Nur das letzte und schwächste Wölflein, hinter dem niemand mehr drängte, konnte sich noch rechtzeitig in Sicherheit bringen, ehe die Geiß es gesehen hatte. Die Geiß aber, die immer schlecht im Rechnen gewesen war, glaubte schon, alle sieben Wölflein in die Tannenäste hinaufgeschleudert zu haben, und zog tiefbefriedigt ab.
Wenn ihr mich fragen würdet, warum die Geiß überhaupt so böse auf die kleinen Wölfe war, so könnte ich nur sa-

gen, daß sie den Wölfen das freie, ungezwungene Waldleben mißgönnte und — genau wie ihre Besitzer, deren Haltung sie mit der Zeit angenommen hatte — allem, was von der bürgerlichen Lebensweise abwich, mit neidischem Haß begegnete. Genauer genommen war es also gar nicht ihr eigener Haß, sondern der Haß der kleinbürgerlichen Ziegenbesitzer, der sich in ihr äußerte. Man hatte ihr diesen Haß auf alles Freie in jahrelanger Stallzucht eingeprügelt, und nun ließ sie ihn natürlich an den Schwächsten — den Wolfs- und anderen Kindern — aus.

Als Mama Wolf endlich, bepackt mit schönem, tiefen Betten-Moos nach Haus kam, rief sie ihre Kleinen, aber nur ein einziges Wölflein kam aus der Höhle und erzählte ihr, was vorgefallen war. Bald hörte sie auch von den Tannenzweigen über sich das sechsstimmige Weinen der kleinen Wölfe, die schon ganz schwach waren vom langen Festhalten und riefen: »Bitte, bitte, liebe Mama, hol uns herunter!« Aber natürlich konnte Mama Wolf auch nicht klettern, und genausowenig Papa Wolf, der ohnehin nicht vor Abend zurückerwartet wurde.

Da ging Mama Wolf in die Nachbarhöhle, in der ein alter Kletterbär schlief, weckte ihn und bat um Hilfe. Der alte Kletterbär wurde mitten aus seinen schönsten Honigträumen gerissen, aber, da er ein gutmütiger und obendrein vegetarisch lebender Bursche war, machte er sich sofort auf und holte die sechs kleinen Wölfe im Nu vom Baume herunter. War das eine Freude. Vor lauter Aufregung vergaß Mama Wolf sogar, mit ihren Kindern zu schimpfen.

Als aber am Abend Papa Wolf nach Hause kam und von dem Vorfall hörte, wurde er sehr zornig und sagte böse knurrend: »Na warte, der Geiß werde ich's heimzahlen!« Vergeblich suchte Mama Wolf ihn zu beruhigen. Am nächsten Morgen zog Papa Wolf zum Ziegenstall und zahlte Mama Geiß mit gleicher Münze heim. Hier beginnt die Geschichte vom »Wolf und den sieben jungen Geißlein«, die ihr alle kennt.

Moral (Zusatz unseres Volkskundlers, 1971)

Der ganze Schaden aber kam daher, daß die Geiß und Papa Wolf *von den Menschen* gelernt hatten, wie man Andersartige und Schwache beneidet, haßt und verfolgt und Böses mit Bösem vergilt. Wenn euch aber jemand erzählen will, daß Menschen böse sind, weil schon unsere Vorfahren, die Tiere, es waren, und wenn er sich dabei auf einen gewissen Konrad Lorenz beruft, dann müßt ihr ihm die Geschichte von der Geiß und den sieben Wölflein erzählen, damit er einsieht, daß die Angelegenheit auch ganz anders gedeutet werden kann.

2. Rotkäppchen

Es war einmal ein kleines süßes Mädchen, das hatte jedermann lieb, der es nur ansah, am allerliebsten aber ihre Großmutter. Die wußte gar nicht, was sie alles dem Kinde geben sollte. Einmal schenkte sie ihm ein Käppchen von rotem Sammet, und weil ihm das so wohl stand und es nichts anders mehr tragen wollte, hießt es nur das Rotkäppchen. Eines Tages sprach seine Mutter zu ihm: »Komm, Rotkäppchen, da hast du ein Stück Kuchen und eine Flasche Wein, bring das der Großmutter hinaus; sie ist krank und schwach und wird sich daran laben. Mach dich auf, bevor es heiß wird, und wenn du heimkommst, so geh hübsch sittsam und lauf nicht vom Weg ab, sonst fällst du und zerbrichst das Glas, und die Großmutter hat nichts. Und wenn du in ihre Stube kommst, so vergiß nicht, guten Morgen zu sagen, und guck nicht erst in alle Ecken herum.« — »Ich will schon alles gut machen«, sagte Rotkäppchen zur Muter und gab ihr die Hand darauf. Die Großmutter aber wohnte draußen im Wald, eine halbe Stunde vom Dorf. Wie nun Rotkäppchen in den Wald kam, begegnete ihr der Wolf. Rotkäppchen aber wußte nicht, was das für ein böses Tier war, und fürchtete sich nicht vor ihm. »Guten Tag, Rotkäppchen«, sprach er. — »Schönen Dank, Wolf.« — »Wo hinaus so früh, Rotkäppchen?« — »Zur Großmutter.« — »Was trägst du unter der Schürze?« — »Kuchen und Wein: Gestern haben wir gebacken, da soll sich die kranke und schwache Großmutter etwas zugut tun und sich damit stärken.« — »Rotkäppchen, wo wohnt deine Großmutter?« — »Noch eine gute Viertelstunde weiter im Wald, unter den drei großen Eichenbäumen, da steht ihr Haus, unten sind die Nußhecken, das wirst du ja wissen«, sagte Rotkäppchen. Der Wolf dachte bei sich: »Das junge zarte Ding, das ist ein fetter Bissen, der wird noch besser schmecken als die Alte: Du mußt es listig anfangen, damit du beide erschnappst.« Da ging er ein Weilchen neben Rotkäppchen her, dann sprach er: »Rotkäppchen, sieh einmal die schönen Blumen, die ringsumher stehen, warum guckst du dich nicht um? Ich glaube, du hörst gar nicht, wie die Vöglein so lieblich singen? Du gehst ja für dich hin, als wenn du zur Schule gingst, und es ist so lustig draußen in dem Wald.«

Rotkäppchen schlug die Augen auf, und als es sah, wie die Sonnenstrahlen durch die Bäume hin und her tanzten und alles voll schöner Blumen stand, dachte es: »Wenn ich der Großmutter einen frischen Strauß mitbringe, der wird ihr auch Freude machen; es ist so früh am Tag, daß ich doch zu rechter Zeit ankomme«, lief vom Wege ab in den Wald hinein und suchte Blumen. Und wenn es eine gebrochen hatte, meinte es, weiter hinaus stände eine schönere, und lief danach und geriet immer tiefer in den Wald hinein. Der Wolf aber ging geradewegs nach dem Haus der Großmutter und klopfte an die Tür. »Wer ist draußen?« — »Rotkäppchen, das bringt Kuchen und Wein, mach auf.« — »Drück nur auf die Klinke«, rief die Großmutter, »ich bin zu schwach und kann nicht aufstehen.« Der Wolf drückte auf die Klinke, die Tür sprang auf, und er ging, ohne ein Wort zu sprechen, gerade zum Bett der Großmutter und verschluckte sie. Dann tat er ihre Kleider an, setzte ihre Haube auf, legte sich in ihr Bett und zog die Vorhänge vor.

Rotkäppchen aber war nach den Blumen herumgelaufen, und als es so viel zusammen hatte, daß es keine mehr tragen konnte, fiel ihm die Großmutter wieder ein, und es machte sich auf den Weg zu ihr. Es wunderte sich, daß die Tür aufstand, und wie es in die Stube trat, so kam es ihm so seltsam darin vor, daß es dachte: »Ei, du mein Gott, wie ängstlich wird mir's heute zumut, und ich bin sonst so gerne bei der Großmutter!« Es rief »guten Morgen«, bekam aber keine Antwort. Darauf ging es zum Bett und zog die Vorhänge zurück; da lag die Großmutter und hatte die Haube tief ins Gesicht gesetzt und sah so wunderlich aus. »Ei, Großmutter, was hast du für große Ohren!« — »Daß ich dich besser hören kann.« — »Ei, Großmutter, was hast du für große Augen!« — »Daß ich dich besser sehen kann.« — »Ei, Großmutter, was hast du für große Hände!« — »Daß ich dich besser packen kann.« — »Aber, Großmutter, was hast du für ein entsetzlich großes Maul!« — »Daß ich dich besser fressen kann.« Kaum hatte der Wolf das gesagt, so tat er einen Satz aus dem Bette und verschlang das arme Rotkäppchen.

Wie der Wolf sein Gelüsten gestillt hatte, legte er sich wieder ins Bett, schlief ein und fing an überlaut zu schnarchen. Der Jäger ging eben an dem Haus vorbei und dachte: »Wie die alte

Frau schnarcht, du mußt doch sehen, ob ihr etwas fehlt.« Da trat er in die Stube, und wie er vor das Bette kam, so sah er, daß der Wolf darin lag. »Finde ich dich hier, du alter Sünder«, sagte er, »ich habe dich lange gesucht.« Nun wollte er seine Büchse anlegen, da fiel ihm ein, der Wolf könnte die Großmutter gefressen haben und sie wäre noch zu retten: Er schoß nicht, sondern nahm eine Schere und fing an, dem schlafenden Wolf den Bauch aufzuschneiden. Wie er ein paar Schnitte getan hatte, da sah er das rote Käppchen leuchten, und noch ein paar Schnitte, da sprang das Mädchen heraus und rief: »Ach, wie war ich erschrocken, wie war's so dunkel in dem Wolf seinem Leib!« Und dann kam die alte Großmutter auch noch lebendig heraus und konnte kaum atmen. Rotkäppchen aber holte geschwind große Steine, damit füllten sie dem Wolf den Leib, und wie er aufwachte, wollte er fortspringen, aber die Steine waren so schwer, daß er gleich niedersank und sich totfiel.
Da waren alle drei vergnügt; der Jäger zog dem Wolf den Pelz ab und ging damit heim; die Großmutter aß den Kuchen und trank den Wein, die Rotkäppchen gebracht hatte, und erholte sich wieder; Rotkäppchen aber dachte: »Du willst dein Lebtag nicht wieder allein vom Wege ab in den Wald laufen, wenn dir's die Mutter verboten hat.«

Es wird auch erzählt, daß einmal, als Rotkäppchen der alten Großmutter wieder Gebackenes brachte, ein anderer Wolf es angesprochen und vom Wege habe ableiten wollen. Rotkäppchen aber hütete sich und ging gerade fort seines Wegs und sagte der Großmutter, daß es dem Wolf begegnet wäre, der ihm guten Tag gewünscht, aber so bös aus den Augen geguckt hätte: »Wenn's nicht auf offner Straße gewesen wäre, er hätte mich gefressen.« — »Komm«, sagte die Großmutter, »wir wollen die Tür verschließen, daß er nicht hereinkann.« Bald darnach klopfte der Wolf an und rief: »Mach auf, Großmutter, ich bin das Rotkäppchen, ich bring' dir Gebackenes.« Sie schwiegen aber still und machten die Tür nicht auf: Da schlich der Graukopf etlichemal um das Haus, sprang endlich aufs Dach und wollte warten, bis Rotkäppchen abends nach Hause ginge, dann wollte er ihm nachschleichen und wollt's in der Dunkelheit fressen. Aber die Großmutter merkte, was er im Sinn hatte. Nun stand vor dem Haus ein großer Steintrog, da sprach sie zu dem Kind: »Nimm den Eimer, Rotkäppchen, gestern hab' ich Würste gekocht, da trag das Wasser, worin sie gekocht sind, in den Trog.« Rotkäppchen trug so lange, bis der große, große Trog ganz voll war. Da stieg der Geruch von den Würsten dem Wolf in die Nase, er schnupperte und guckte hinab, endlich machte er den Hals so lang, daß er sich nicht mehr halten konnte und anfing zu rutschen: So rutschte er vom Dach herab, gerade in den Trog hinein, und ertrank. Rotkäppchen aber ging fröhlich nach Haus, und niemand tat ihm etwas zuleid.

Rotschöpfchen und der Wolf

Ähnlich wie im Märchen vom »Wolf und den sieben Geißlein« erscheint auch im »Rotkäppchen« der Wolf als hinterlistig, böse und gemein. Seine verbrecherische Tat — das Verschlingen von Großmutter und Enkelkind — ist weder durch Heißhunger noch anders ausreichend motiviert. Der Erzähler unterstellt eine »radikal böse Natur« des Wolfes, und auch hier wird der Verdacht laut, daß es sich um eine frühe Rechtfertigung sozial bedingter menschlicher Aggressivität durch die Behauptung allgemeiner tierischer Aggressivität handelt. Die Suche fortschrittlicher Volkskundler hat auch in diesem Falle Erfolg gehabt und ein »vergessen geglaubtes Märchenfragment« zutage gefördert, das Licht auf die wahren Motive des Wolfes werfen kann.

Es war einmal ein kleiner rothaariger Junge, den nannten alle — daheim, im Dorf und in der Schule — das Rotschöpfchen. Weil aber Rothaarige in seinem Dorf sonst nicht vorkamen und die Menschen das Andersartige oft ohne jeden Grund ablehnen und verurteilen, hatte er keine Freunde und fühlte sich ausgestoßen.
Sein Vater, der mit den Schulleistungen des Sohnes unzufrieden war, fand nur harte Worte für ihn und hatte ihn schon mehrfach geschlagen. Zwar hatte die Mutter der jüngeren Schwester von Rotschöpfchen eine rote Kappe geschneidert und es »das Rotkäppchen« genannt, um auf diese Weise ihrem Sohn das Gefühl auffallender Besonderheit zu nehmen, aber das half nur wenig.
Wann immer es konnte, lief Rotschöpfchen allein in den Wald, um mit den Tieren zu spielen und zu träumen. So geschah es auch eines Tages, als es zu spät aufgestanden war und Angst hatte, noch zur Schule zu gehen. Sobald man es vom elterlichen Haus aus nicht mehr sehen konnte, schlich es sich beiseite in den Wald. Es geriet immer tiefer ins Dickicht, bis es an eine Stelle kam, wo es nicht mehr wußte, wie es weitergehen sollte. Dort be-

gegnete ihm ein Wolf, sprach es freundlich an und schlug ihm vor, sie sollten gemeinsam schöne Walderdbeeren pflücken und dann werde er Rotschöpfchen auf den Heimweg führen.
So geschah es denn auch, und gegen Mittag hatten sie drei große Schilfkörbe mit frischen, roten Walderdbeeren gefüllt. »Weiß du was«, sagte der Wolf, »binde doch zwei Körbchen mit einem weichen Weidenzweig zusammen und hänge sie mir über den Rücken, dann brauchst du nur den einen Korb zu tragen, und wir kommen schneller nach Haus.«
Voller Freude machte sich Rotschöpfchen zusammen mit dem Wolf auf den Weg. Inzwischen hatte es die Schule, das Dorf und die Hänseleien seiner Mitschüler schon längst vergessen und malte sich in Gedanken aus, mit welchem Jubel es daheim begrüßt werden würde, da es doch so schöne Beeren mitbrachte. Auch der Wolf konnte sich nichts anderes vorstellen, als daß man ihn loben und ihm danken werde.
Es kam aber alles ganz anders. Rotschöpfchens Vater hatte inzwischen erfahren, daß sein Sohn nicht in der Schule gewesen war, und als er ihn vergnügt mit dem freundlichen Wolf an der Seite ankommen sah, packte ihn die Wut, und er schlug mit einem großen Knüppel dem Wolf auf die empfindliche Schnauze, so daß dieser sich — mit dem bekannten Heulen — schleunigst aus dem Staube machte.
Rotschöpfchen aber wurde zur Strafe verprügelt und eingesperrt und durfte am anderen Tage nicht zusammen mit Rotkäppchen die Großmutter besuchen, um ihr Geburtstagsgeschenke zu bringen. Hier beginnt das Märchen vom Rotkäppchen, wie es allgemein bekannt und von den Brüdern Grimm überliefert worden ist.
Die Hinterlist des Wolfs gegenüber Rotkäppchen erklärt sich jetzt leicht aus dem Bedürfnis des Tieres, seinen Freund Rotschöpfchen, der an dem sonnigen Samstag im düsteren Kämmerchen bleiben mußte, zu rächen und dem bösen Vater eins auszuwischen. Der Wolf spürte oder ahnte doch zumindest, daß der böse Vater von Rotkäppchen und Rotschöpfchen eine enge Mutterbindung nie losgeworden war, die ihn zu einem schwierigen Ehemann und harten Vater machte. Er wollte ihn daher da-

durch besonders nachdrücklich treffen, daß er dessen Mutter verschlang.
Meist wird Verschlingen allerdings irreführend mit Auffressen verwechselt, während doch ganz deutlich ist, daß der Wolf unter sehr erheblichen Anstrengungen die Großmutter und später auch das Enkelkind — ohne beide auch nur im geringsten zu verletzen — verschluckte. Sinn dieser Anstrengung konnte nur sein, dem Vater einen Schreck einzujagen und ihn zur Besinnung zu bringen, ohne dabei irgend jemandem ernstlich zu schaden. Die Rache des Wolfs war also in der Tat weit humaner und rationaler als die unverdienten Prügel, die der Vater dem Wolf (und seinem Sohn) versetzt hatte.
Einige Probleme gibt allerdings der Schluß des Märchens auf. Dort heißt es bekanntlich, der am Haus der Großmutter vorbeigehende *Jäger* habe das laute Schnarchen des Wolfs gehört, ihm den Bauch aufgeschnitten und auf diese Weise die beiden Menschen befreit. Danach habe er dessen Leib mit Steinen gefüllt, und so sei das Tier zu Tode gekommen.

Dem psychoanalytisch geschulten Leser wird fast sofort deutlich geworden sein, daß es sich hier um eine Traumerzählung handeln muß, und zwar um die eines *Traumes, den der Vater von Rotschöpfchen gehabt hat.* Der Jäger ist niemand anderes als der Vater selbst, der hier in typischer Traum-Chiffrierung in der Gestalt eines uniformierten Autoritätsträgers erscheint. Der Wolf steht für die Großmutter.
Das Aufschneiden des großmütterlichen — oder vielmehr seines mütterlichen — Leibes führt ohne weiteres zur Assoziation mit dem Durchschneiden der Nabelschnur, die hier die Befreiung von psychischer Mutterbindung symbolisieren würde. Der Traum von Rotschöpfchens Vater wäre damit ein kathartischer Traum, der psychische Heilfunktionen für die Mutterbindung haben könnte. Dieser Aspekt würde den fröhlich-gelösten Ton des Märchenschlusses erklären.
Es bleibt allerdings auch noch ein anderer Punkt: Die Füllung des mütterlichen Leibes mit schweren Steinen erinnert uns an das lateinische Wort für schwer »*gravis*« und die von ihm abgeleitete Bezeichnung für die

Schwangerschaft (Gravidität). Damit erhält der Märchenschluß die typische *Ambivalenz,* die für alle intensiven libidinösen Beziehungen charakteristisch ist. Der Vater würde im Traum nicht nur den heilsamen Prozeß der endlichen Lösung von seiner Mutter vollziehen, sondern zugleich auch — freilich in makaber entstellter Form — den ödipalen Wunsch befriedigen.

Von radikalen Schülern Wilhelm Reichs könnte das Aufschneiden des Leibes übrigens auch als Symbol für die Defloration gedeutet werden. Es käme dann darin der biologisch unsinnige aber gleichwohl in der Mythologie belegte Wunsch eines Sohnes nach virginaler Unberührtheit der Mutter zum Ausdruck sowie die Hoffnung, als erster und einziger der eigenen Mutter beiwohnen zu können.

Man sieht, was das Märchen vom Rotkäppchen — angemessen interpretiert — das Gegenteil von dem beweist, was es oberflächlich auszusagen scheint. Als Kinder haben wir es als Aussage über die Gefährlichkeit von Wölfen mißverstanden und uns von ihm einschüchtern lassen. Das war auch die offensichtlich repressive Funktion, die dem Volksmärchen von konservativen Germanisten in der Phase seiner späteren Tradierung zugedacht war. Analysiert aber, ergeben sich Hinweise auf eine nur oberflächlich verdeckte Traumerzählung des neurotischen Vaters von Rotkäppchen und Rotschöpfchen.

Vermutlich gehört auch bereits die erste Hälfte des Märchens — die Geschichte von der Täuschung des arglosen Rotkäppchens und vom Verschlingen der Großmutter und des Enkelkindes — in den Zusammenhang des väterlichen Traums. Traummotiv wäre dann der Wunsch gewesen, die vom eignen Gewissen verurteilte Tat des Wolf-Verprügelns nachträglich doch noch zu rechtfertigen. Wenn der Wolf wirklich jene Handlungen — jetzt als unbegründete, reine Aggressionen gedeutet — begangen hätte, dann wäre ja der Schlag mit dem Prügel nur eine legitime Abwehrhandlung gewesen.

Auch hier ist allerdings wieder an die Ambivalenz zu erinnern: Der Wunsch, die geliebte Person zu töten oder getötet zu sehen, koexistiert ja stets mit enger libidinöser Bindung. Beide Gefühlsbeziehungen hätten im Traum vom Rotkäppchen ihren deutlichen Ausdruck gefunden

— wenn man der Reich-Schule folgen will, sogar doppelt: die aggressive Seite (destruo) im Verschlingen und im Bauchaufschneiden, die libidinöse: wiederum im Bauchaufschneiden (jetzt als Deflorieren verstanden) und im Einfüllen der Steine (schwängern, Gravidität). Daß auch das Verschlingen ambivalente Bedeutung hat, ist aus dem Alltagsausdruck »Ich könnte dich vor lauter Liebe verschlingen« allgemein bekannt.

Zusammen mit dem »vergessen geglaubten« Märchenfragment »Rotschöpfchen und der Wolf« gestattet diese psychoanalytische Märchendeutung endlich die Einbeziehung auch dieses Stücks deutscher Volkstradition in eine progressive, aufklärende Erziehungsarbeit.

Zweiter Teil

Der Aufstieg der Bourgeoisie,
die antifeudale Revolution
und Probleme der
antagonistischen Gesellschaft

1. Hans im Glück

Hans hatte sieben Jahre bei seinem Herrn gedient, da sprach er zu ihm: »Herr, meine Zeit ist herum, nun wollte ich gerne wieder heim zu meiner Mutter, gebt mir meinen Lohn.« Der Herr antwortete: »Du hast mir treu und ehrlich gedient; wie der Dienst war, so soll der Lohn sein«, und gab ihm ein Stück Gold, das so groß als Hansens Kopf war. Hans zog ein Tüchlein aus der Tasche, wickelte den Klumpen hinein, setzte ihn auf die Schulter und machte sich auf den Weg nach Haus. Wie er so dahinging und immer ein Bein vor das andere setzte, kam ihm ein Reiter in die Augen, der frisch und fröhlich auf einem muntern Pferd vorbeitrabte. »Ach«, sprach Hans ganz laut, »was ist das Reiten ein schönes Ding! Da sitzt einer wie auf einem Stuhl, stößt sich an keinen Stein, spart die Schuh und kommt fort, er weiß nicht wie.« Der Reiter, der das gehört hatte, hielt an und rief: »Ei, Hans, warum läufst du auch zu Fuß?« — »Ich muß ja wohl«, antwortete der, »da habe ich einen Klumpen heimzutragen: Es ist zwar Gold, aber ich kann den Kopf dabei nicht gerad halten, auch drückt mir's auf die Schulter.« — »Weiß du was«, sagte der Reiter, »Wir wollen tauschen: Ich gebe dir mein Pferd, und du gibst mir deinen Klumpen.« — »Von Herzen gern«, sprach Hans, »aber ich sage Euch, Ihr müßt Euch damit schleppen.« Der Reiter stieg ab, nahm das Gold und half dem Hans hinauf, gab ihm die Zügel fest in die Hände und sprach: »Wenn's nun recht geschwind soll gehen, so mußt du mit der Zunge schnalzen und ›hopp, hopp‹ rufen.«

Hans war seelenfroh, als er auf dem Pferde saß und so frank und frei dahinritt. Über ein Weilchen fiel's ihm ein, es sollte noch schneller gehen, und fing an, mit der Zunge zu schnalzen und »hopp, hopp« zu rufen. Das Pferd setzte sich in starken Trab, und ehe sich's Hans versah, war er abgeworfen und lag in einem Graben, der die Äcker von der Landstraße trennte. Das Pferd wäre auch durchgegangen, wenn es nicht ein Bauer aufgehalten hätte, der des Weges kam und eine Kuh vor sich hertrieb. Hans suchte seine Glieder zusammen und machte sich wieder auf die Beine. Er war aber verdrießlich und sprach zu dem Bauer: »Es ist ein schlechter Spaß, das Reiten, zumal, wenn man auf so eine Mähre gerät wie diese, die stößt und einen herabwirft, daß man den Hals brechen kann; ich setze mich nun und nimmermehr wieder auf. Da lob' ich mir Eure Kuh, da kann einer mit Gemächlichkeit hinterhergehen und hat obendrein seine Milch, Butter und Käse jeden Tag gewiß. Was gäb' ich darum, wenn ich so eine Kuh hätte!« — »Nun«, sprach der Bauer, »geschieht Euch so ein großer Gefallen, so will ich Euch wohl die Kuh für das Pferd vertauschen.« Hans willigte mit tausend Freuden ein: Der Bauer schwang sich aufs Pferd und ritt eilig davon.

Hans trieb seine Kuh ruhig vor sich her und bedachte den glücklichen Handel. »Hab' ich nur ein Stück Brot, und daran wird mir's noch nicht fehlen, so kann ich, sooft mir's beliebt, Butter und Käse dazu essen; hab' ich Durst, so melk' ich meine Kuh und trinke Milch. Herz, was verlangst du mehr?« Als er zu einem Wirtshaus kam, machte er halt, aß in der großen Freude alles, was er bei sich hatte, sein Mittags- und Abendbrot, rein auf und ließ sich für seine letzten paar Heller ein halbes Glas Bier einschenken. Dann trieb er seine Kuh weiter, immer nach dem Dorfe seiner Mutter zu. Die Hitze ward drückender, je näher der Mittag kam, und Hans befand sich in einer Heide, die wohl noch eine Stunde dauerte. Da ward es ihm ganz heiß, so daß ihm vor Durst die Zunge am Gaumen klebte. »Dem Ding ist zu helfen«, dachte Hans, »jetzt will ich meine Kuh melken und mich an der Milch laben.« Er band sie an einen dürren Baum, und da er keinen Eimer hatte, so stellte er seine Ledermütze unter, aber wie er sich auch bemühte, es kam kein Tropfen Milch zum Vorschein. Und weil er sich ungeschickt dabei anstellte, so gab ihm das ungeduldige Tier endlich mit einem der Hinterfüße einen solchen Schlag vor den Kopf, daß er zu Boden taumelte und eine Zeitlang sich gar nicht besinnen konnte, wo er war. Glücklicherweise kam gerade ein Metzger des Weges, der auf einem Schubkarren ein junges Schwein liegen hatte. »Was sind das für Streiche!« rief er und half dem guten Hans auf. Hans erzählte, was vorgefallen war. Der Metzger reichte ihm seine Flasche und sprach: »Da trinkt einmal und erholt Euch. Die Kuh will wohl keine Milch geben, das ist ein altes Tier, das höchstens noch zum Ziehen taugt oder zum Schlachten.« — »Ei, ei«, sprach Hans und strich sich die Haare über den Kopf, »wer hätte das gedacht! Es ist freilich gut, wenn man so ein Tier ins Haus abschlachten kann, was gibt's für Fleisch! Aber ich mache mir aus dem Kuhfleisch nicht viel, es ist mir nicht saftig genug. Ja, wer so ein junges Schwein hätte! Das schmeckt anders, dabei noch die Würste.« — »Hört, Hans«, sprach da der Metzger, »Euch zuliebe will ich tauschen und will Euch das Schwein für die Kuh lassen.« — »Gott lohn Euch Eure Freundschaft«, sprach Hans, übergab ihm die Kuh, ließ sich das Schweinchen vom Karren losmachen und den Strick, woran es gebunden war, in die Hand geben.

Hans zog weiter und überdachte, wie ihm doch alles nach Wunsch ginge, begegnete ihm ja eine Verdrießlichkeit, so würde sie doch gleich wieder gutgemacht. Es gesellte sich danach ein Bursch zu ihm, der trug eine schöne weiße Gans unter dem Arm. Sie boten einander die Zeit, und Hans fing an, von seinem Glück zu erzählen und wie er immer so vorteilhaft getauscht hätte. Der Bursch erzählte ihm, daß er die Gans zu einem Kindtaufschmaus brächte. »Hebt einmal«, fuhr er fort und packte sie bei den Flügeln, »wie schwer sie ist, die ist aber auch acht Wochen lang genudelt worden. Wer in den Braten beißt, muß sich das Fett von beiden Seiten abwischen.« — »Ja«, sprach Hans und wog sie mit der einen Hand, »die hat ihr Gewicht, aber mein Schwein ist auch keine Sau.« Indessen sah sich der Bursch nach allen Seiten ganz bedenklich um, schüttelte auch wohl mit dem Kopf. »Hört«, fing er darauf an, »mit Eurem Schweine mag's nicht ganz richtig sein. In dem Dorfe, durch das ich gekommen bin, ist eben dem Schulzen eins aus dem Stall gestohlen worden. Ich fürchte, ich fürchte, Ihr habt's da in der Hand. Sie haben Leute ausgeschickt, und es wäre ein schlimmer Handel, wenn sie Euch mit dem Schwein erwischten: Das Geringste ist, daß Ihr ins finstere Loch gesteckt werdet.« Dem guten Hans ward bang. »Ach Gott«, sprach er, »helft mir aus der Not, Ihr wißt hier herum besser Bescheid, nehmt mein Schwein da und laßt mir Eure Gans.« — »Ich muß schon etwas aufs Spiel setzen«, antwortete der Bursche, »aber ich will doch nicht schuld sein, daß Ihr ins Unglück geratet.« Er nahm also das Seil in die Hand und trieb das Schwein schnell auf einen Seitenweg fort: Der gute Hans aber ging, seiner Sorgen entledigt, mit der Gans unter dem Arme der Heimat zu. »Wenn ich's recht überlege«, sprach er mit sich selbst, »habe ich noch Vorteil bei dem Tausch: erstlich den guten Braten, hernach die Menge von Fett, die herausträufeln wird, das gibt Gänsefettbrot auf ein Vierteljahr, und endlich die

schönen weißen Federn, die laß' ich mit in mein Kopfkissen stopfen, und darauf will ich wohl ungewiegt einschlafen. Was wird meine Mutter eine Freude haben!«
Als er durch das letzte Dorf gekommen war, stand da ein Scherenschleifer mit seinem Karren, sein Rad schnurrte, und er sang dazu:

>»Ich schleife die Schere und drehe geschwind
>und hänge mein Mäntelchen nach dem Wind.«

Hans blieb stehen und sah ihm zu; endlich redete er ihn an und sprach: »Euch geht's wohl, weil Ihr so lustig bei Eurem Schleifen seid.« — »Ja«, antwortete der Scherenschleifer, »das Handwerk hat einen güldenen Boden. Ein rechter Schleifer ist ein Mann, der, sooft er in die Tasche greift, auch Geld darin findet. Aber wo habt Ihr die schöne Gans gekauft?« — »Die hab' ich nicht gekauft, sondern für mein Schwein eingetauscht.« — »Und das Schwein?« — »Das hab' ich für eine Kuh gekriegt.« — »Und die Kuh?« — »Die hab' ich für ein Pferd bekommen.« — »Und das Pferd?« — »Dafür hab' ich einen Klumpen Gold, so groß als mein Kopf, gegeben.« — »Und das Gold?« — »Ei, das war mein Lohn für sieben Jahre Dienst.« — »Ihr habt Euch jederzeit zu helfen gewußt«, sprach der Schleifer, »könnt Ihr's nun dahin bringen, daß Ihr das Geld in der Tasche springen hört, wenn Ihr aufsteht, so habt Ihr Euer Glück gemacht.« — »Wie soll ich das anfangen?« sprach Hans. »Ihr müßt ein Schleifer werden wie ich; dazu gehört eigentlich nichts als ein Wetzstein, das andere findet sich schon von selbst. Da hab' ich einen, der ist zwar ein wenig schadhaft, dafür sollt Ihr mir aber auch weiter nichts als Eure Gans geben; wollt Ihr das?« — »Wie könnt Ihr noch fragen«, antwortete Hans, »ich werde ja zum glücklichsten Menschen auf Erden; habe ich Geld, sooft ich in die Tasche greife, was brauche ich da länger zu sorgen?« Er reichte ihm die Gans hin und nahm den Wetzstein in Empfang. »Nun«, sprach der Schleifer und hob einen gewöhnlichen schweren Feldstein, der neben ihm lag, auf, »da habt Ihr noch einen tüchtigen Stein dazu, auf dem sich's gut schlagen läßt und Ihr Eure alten Nägel gerade klopfen könntet. Nehmt ihn und hebt ihn ordentlich auf.«
Hans lud den Stein auf und ging mit vergnügtem Herzen weiter; seine Augen leuchteten vor Freude. »Ich muß in einer

Glückshaut geboren sein«, rief er aus, »alles, was ich wünsche, trifft mir ein wie einem Sonntagskind.« Indessen, weil er seit Tagesanbruch auf den Beinen gewesen war, begann er müde zu werden; auch plagte ihn der Hunger, da er allen Vorrat auf einmal in der Freude über die erhandelte Kuh aufgezehrt hatte. Er konnte endlich nur mit Mühe weitergehen und mußte jeden Augenblick haltmachen; dabei drückten ihn die Steine ganz erbärmlich. Da konnte er sich des Gedankens nicht erwehren, wie gut es wäre, wenn er sie gerade jetzt nicht zu tragen brauchte. Wie eine Schnecke kam er zu einem Feldbrunnen geschlichen, wollte da ruhen und sich mit einem frischen Trunk laben: Damit er aber die Steine im Niedersitzen nicht beschädigte, legte er sie bedächtig neben sich auf den Rand des Brunnens. Darauf setzte er sich nieder und wollte sich zum Trinken bücken, da versah er's, stieß ein klein wenig an, und beide Steine plumpsten hinab. Hans, als er sie mit seinen Augen in die Tiefe hatte versinken sehen, sprang vor Freuden auf, kniete dann nieder und dankte Gott mit Tränen in den Augen, daß er ihm auch diese Gnade noch erwiesen und ihn auf eine so gute Art und ohne daß er sich einen Vorwurf zu machen brauchte, von den schweren Steinen befreit hätte, die ihm allein noch hinderlich gewesen wären. »So glücklich wie ich«, rief er aus, »gibt es keinen Menschen unter der Sonne.« Mit leichtem Herzen und frei von aller Last sprang er nun fort, bis er daheim bei seiner Mutter war.

Hans im Glück und Paul im Geschäft

Die Geschichte vom »Hans im Glück« ist eines der wenigen *ironischen* Märchen, welches die Brüder Grimm überliefern. Die durch seine Lektüre vermittelte »Lust« ist typisch bürgerliche Schadenfreude, das als Glück porträtierte Schicksal des Hans — objektiv gesehen — schieres Unglück. Jedenfalls vom Standpunkt des »homo oeconomicus«. Um Wirtschaft aber geht es. Fassen wir das Märchen zunächst etwas nüchterner zusammen, als die beiden Germanisten es getan haben.

Nach siebenjähriger Dienstzeit bei einem Meister (dessen Gewerbe das Märchen nicht nennt) erhält Hans den beträchtlichen Gesamtlohn in Form eines Goldklumpens »so groß wie sein Kopf« ausgezahlt. Nimmt man auch an, daß dieser Kopf — wie die Geschichte zeigt — nicht allzu groß war, so dürfte es sich doch immerhin wenigstens um einen Goldklumpen von 20 kg gehandelt haben. Das wären nach heutigem Geld etwa 100 000 DM.

Diesen Goldklumpen tauscht Hans, weil ihm das Tragen allzu mühsam erscheint, gegen ein Pferd. Unterstellt man, daß es sich um ein gutes Reitpferd handelte, das 3000 DM wert ist, dann hat er schon bei diesem ersten Tausch 97 000 DM verloren. Da das Pferd ihn heruntergeworfen hatte, tauscht er es gegen eine (wie sich später herausstellt) schlachtreife Kuh von maximal 500 DM Wert (Verlust 2500) und weiter die Kuh gegen ein Schwein (von 150 DM Wert — Verlust 350 DM), das Schwein gegen eine Gans (von 30 DM Wert — Verlust 120 DM) und die Gans gegen einen Schleifstein (Wert 2 DM — Verlust 28 DM), bis ihm dieser beim Trinken in einen Brunnen fällt und der glückliche Hans »frei von aller Last« fröhlich nach Hause springt.

Die Geschichte ist die eines totalen geschäftlichen Mißerfolgs, der auf dem Unvermögen beruht, den für die Warengesellschaft geltenden Wertbegriff zu fassen. Hans geht — ohne Rücksicht auf die bei jedem Geschäft notwendige Einschätzung des Wertes — allein von seiner situationsbedingten, augenblicklichen individuellen Wertung aus. Er verhält sich instinkthaft spontan und unterläßt die für den homo oeconomicus unentbehrliche Reflexion. Seine Strafe ist hart genug. Sie besteht im Totalverlust von rund 100 000 DM an einem einzigen Tage.

Zweifellos ist das Märchen als eine Warnung gemeint. In der Hohlform des verabsolutierten Gebrauchswertes wird in denkbar nachdrücklichster Weise auf den Wert — die zentrale Kategorie der kapitalistischen Wirtschaftsweise — hingewiesen. Hansens Naivität wird mit gesellschaftlichem Ruin bestraft.

Sehen wir uns die Fehler im einzelnen an, die Hans begeht, so muß sein erster Tausch-»Handel« schon als der entschiedenste Mißgriff bezeichnet werden. Hans fällt hier — ohne auch nur irgendeine ökonomische Erwägung anzustellen — von der allgemeinen Wertform (Gold = Wertgeld) auf die »einfache, einzelne oder zufällige Wertform« zurück (wie sie Marx im 1. Kapitel des 1. Bandes des »Kapital« beschreibt). Selbst wenn er für sein Gold ein Äquivalent in Pferden eingetauscht hätte, wäre dieser Tausch wegen der für einen Laien problematischen Pferdebewertung und Realisierungschance bedenklich gewesen. Immerhin könnte man das Pferd und die Kuh noch als »Produktionsmittel« ansprechen, die im bäuerlichen Betrieb der Mutter eine nützliche Funktion hätten erfüllen können.

Aber auch auf der Stufe des (unökonomischen) Eintauschs von kleinen Produktionsmitteln gegen die »Ware der Waren« (Gold oder Weltgeld) bleibt Hans nicht stehen. Schwein und Gans sind — wie aus seinen Äußerungen hervorgeht — ausschließlich für den häuslichen *Konsum* vorgesehen. Der Versuch aber, durch Eintausch eines Wetzsteins sich kurz vor dem ökonomischen Ruin abermals ein kleines (höchst dürftiges) Produktionsmittel für die kleine individuelle Warenproduktion (Dienstleistungsware) zu beschaffen, mußte scheitern, auch wenn der Stein nicht in den Brunnen gefallen wäre, weil Hans offensichtlich Fertigkeiten und Branchenkenntnis fehlten. Auch beachtete er nicht, daß dieses Gewerbe, am allerunterstem Rand der damaligen Gesellschaft kaum noch über dem Bettel stehend, einen ausreichenden Lebensunterhalt nicht sichern konnte.

»Hans im Glück« ist das Beispiel einer mißlungenen Sozialisation. Vermutlich hat Hans fleißig und tüchtig ein spezielles Handwerk gelernt, aber die Gesetze des »Äquivalententauschs«, des bürgerlichen Handels, sind ihm verschlossen, ihr Geist ihm fremd geblieben.

Man kann sich leicht ein »positives Märchen« vorstellen, das ein Gegenstück zu »Hans im Glück« darstellt. Wollte man die Erzählung »Hans im Glück« (was mir allerdings als etwas »gezwungen« erschiene) revolutionär deuten, so könnte man sagen, sie enthalte einen Hinweis auf die Unvereinbarkeit von unreflektiertem Glück und warenproduzierender Gesellschaft. In diesem Falle müßte das »Gegen-Märchen« nicht »Paul im Geschäft«, sondern »Der unglückliche Paul« heißen. Der Inhalt aber wäre so ziemlich derselbe: die Erfolgsstory eines frühreifen Unternehmers, der sein Glück und seine Unschuld verliert.

Paul im Geschäft

Paul war ein gelehriges Kind, das rasch die Erfolgsstrategien der warenproduzierenden und -tauschenden Gesellschaft sich aneignete. Schon als höherer Handelsschüler von 15 Jahren tätigte er sein erstes erfolgreiches Geschäft. Auf dem Speicher des Miethauses, in dem seine Eltern wohnten, fand er ein altes Schleifgerät, wie es manchmal noch heute Scherenschleifer benützen, die in ländlichen Gegenden von Haus zu Haus ziehen. Ohne Mühe konnte er es von seinem Eigentümer für 2 Mark erwerben, strich es dann mit einer hohes Alter vortäuschenden Farbe eindrucksvoll an und brachte es zu einem Antiquitätenhändler in Kommission.

Ein sorgfältig geschriebener Zettel »antique south-German knife-grinders instrument ca. 17th century« machte die Interessenten aufmerksam. Als Kaufpreis waren 100 Dollar vereinbart. Es dauerte auch nicht lange, bis sich ein naiver Käufer fand, und Paul zog mit 90 Dollar (10 Dollar hatte er dem Händler für die Kommission bezahlt) ab. Sein nächstes Geschäft folgte nur wenig später, als er einen alten Mercedes für 320 DM kaufte und mit Hilfe von Freunden so ansprechend herrichtete, daß er ihn — kurz vor der Feriensaison, wenn die Gebrauchtwagenpreise ihren Höhepunkt erreichen — für 1500 DM verkaufen konnte. Da seine Freunde angenommen hatten, er wolle den Wagen für sich selbst herrichten und vage eine gemeinsame Ferienreise in Aussicht genommen war, hatten sie für ihre Mithilfe nichts verlangt, wenn man von ein paar Flaschen Coca-Cola absehen will, die ihnen Paul großzügig spendiert hatte.

Ein paar weitere Geschäfte gelangen Paul dadurch, daß er sich als »Entrümpler« Von Dachböden anbot und dabei billig oder gar kostenlos an allerlei Hausrat kam, den er abermals über den Antiquitätenhändler an amerikanische Kunden losschlagen konnte. Während seiner Lehrzeit bei einem mittleren Konfektionsbetrieb wuchs sein Vermögen auf ähnliche Weise allmählich bis zur respektablen Höhe von 5000 DM an.

In dieser Zeit trafen seinen Prinzipal eine Reihe von Schicksalsschlägen, die Paul — er sagte sich immer, »dem Tüchtigen hilft Gott« — sehr zupaß kamen. Zuerst wurde seine Frau krank, die ihm bisher bei der Buchhaltung kostenlos geholfen hatte, und da sie nicht versichert war, mußte er viel Geld für Ärzte und Medikamente ausgeben und obendrein eine teure Buchhalterin als Ersatz einstellen. Dann wechselte die Mode gerade in dem Augenblick, als er sein Lager allzu optimistisch aufgefüllt hatte, und er war gezwungen, unter dem Einkaufspreis zu verkaufen, wenn er nicht auf den Ladenhütern sitzenbleiben wollte. Die Lieferfirmen lehnten es ab, Kredite einzuräumen, und die Banken waren nicht bereit, das Lager höher als zu 10 Prozent seines Einkaufswertes zu beleihen. Der Konkurs stand vor der Tür.

In dieser Not kam die hübsche Tochter des Prinzipals zu ihrem Freund Paul und bat ihn um Hilfe für den verängstigten Vater, der um alles in der Welt einen Konkurs vermeiden wollte. Alle im Geschäft wußten, daß sich Paul in aller Stille ein »Vermögen« erworben hatte, und das gute Mädchen hoffte, Paul werde dieses Geld — oder doch einen erheblichen Teil desselben — ihrem Vater als Kredit zur Verfügung stellen. Paul aber sagte:

»Weißt du, ich kann es ja gut verstehen, daß du für deinen Vater bittest, aber als Geschäftsmann darf ich nicht meinem Herzen folgen, es sei denn, es rate mir zu dem, was objektiv vernünftig (im Sinne des Geschäftslebens)

ist. Auch wenn ich daher wollte, *dürfte* ich deinem Vater keinen Kredit geben, da doch schon die so viel reicheren Banken es nicht mehr können. Ich könnte mir aber vielleicht eine andere Lösung vorstellen.«
Und als das Mädchen in ihn drang, doch diese Lösung zu nennen, sagte er schließlich: »Ich bin bereit, die Schulden der Firma zu übernehmen, wenn dein Vater mir sein Geschäft ohne alle Einschränkungen — überschreibt. Ja ich bin darüber hinaus sogar noch bereit, euch ein Wohnrecht im Zwischenstock über dem Laden einzuräumen, wenn dein Vater sich als Ladenwächter und du als Verkäuferin und Dekorateurin zur Verfügung stellen. Das Gehalt deines Vaters würde in einem lebenslänglichen Mietrecht bestehen und du würdest den üblichen Tariflohn erhalten, müßtest dich aber verpflichten, auf unbegrenzte Zeit im Geschäft zu bleiben. Das wäre auch nach außen hin für uns sehr nützlich.«
Das Mädchen war sprachlos und entrüstet. Da aber die Not des Vaters so groß war, traute es sich nicht, Paul ins Gesicht zu sagen, wie sehr sie sein Angebot verabscheute, sondern zog sich zurück, um mit dem Vater zu reden. Paul wußte aber genau, daß dem Geschäftsmann nichts anderes übrigbleiben würde, als einzuwilligen, wenn er den Konkurs vermeiden wollte, und er kannte den altmodischen Ehrenstandpunkt seines »Prinzipals« gut genug, um zu wissen, wieviel er dafür zu zahlen bereit sein würde.
Nach ein paar Tagen vergeblicher Suche nach einem anderen Ausweg willigte der alte Mann schließlich ein. Paul war im Geschäft. Er hatte sein Geld — das erst nur ein »Schatz« gewesen war, endlich zu »Kapital« gemacht. Er tilgte die Schulden, konnte neue Kredite aufnehmen, verkaufte das Lager ins weniger modebewußte Ausland und hatte so in kürzester Zeit sein Vermögen verdoppelt. Der alte Herr aber durfte als Ladenwächter seinen früheren Besitz hüten, und die Tochter mußte, ohne Kündigungsrecht zu haben, dem Manne dienen, den sie einmal als ihren Freund und künftigen Mann angesehen hatte. Paul aber bemühte sich alsbald erfolgreich um die Hand einer Erbin aus der Textilbranche und vermehrte auch auf diese Weise tatkräftig seine Geschäftsbeziehungen und sein Vermögen.

Eines Tages wurde Paul von Freunden gefragt, ob er glücklich sei. Er dachte einen Augenblick nach und sagte dann: »Es kommt ganz darauf an, was man unter Glück versteht.« Manche meinten, er habe sein »geschäftliches Glück« mit einem »harten Herzen« zu teuer bezahlt, aber das waren Romantiker, auf die er nichts hielt. Hätte er aber die Klassiker der Philosophie gekannt, so würde er vielleicht Thomas Hobbes zitiert haben, der schon 1640 schrieb:

»Der Vergleich eines Menschenlebens mit einem Wettrennen eignet sich für unseren Zweck. Dieses Rennen darf aber kein anderes Ziel, keinen anderen Ruhm als den kennen, an erster Stelle zu stehen, und darin ist stets besiegt zu werden Unglück; stets den nächsten vor uns zu besiegen Glück; und diese Rennen aufgeben heißt sterben.«

Unser Paul war ein moderner Mensch, Thomas Hobbes und Adam Smith seine Propheten.

2. Sneewittchen

Es war einmal mitten im Winter, und die Schneeflocken fielen wie Federn vom Himmel herab, da saß eine Königin an einem Fenster, das einen Rahmen von schwarzem Ebenholz hatte, und nähte. Und wie sie so nähte und nach dem Schnee aufblickte, stach sie sich mit der Nadel in den Finger, und es fielen drei Tropfen Blut in den Schnee. Und weil das Rote im weißen Schnee so schön aussah, dachte sie bei sich: »Hätt' ich ein Kind so weiß wie Schnee, so rot wie Blut und so schwarz wie das Holz an dem Rahmen.« Bald darauf bekam sie ein Töchterlein, das war so weiß wie Schnee, so rot wie Blut und so schwarzhaarig wie Ebenholz und ward darum das Sneewittchen (Schneeweißchen) genannt. Und wie das Kind geboren war, starb die Königin.

Über ein Jahr nahm sich der König eine andere Gemahlin. Es war eine schöne Frau, aber sie war stolz und übermütig und konnte nicht leiden, daß sie an Schönheit von jemandem sollte übertroffen werden. Sie hatte einen wunderbaren Spiegel, wenn sie vor den trat und sich darin beschaute, sprach sie:

»Spieglein, Spieglein an der Wand,
wer ist die Schönste im ganzen Land?«

so antwortete der Spiegel:

»Frau Königin, Ihr seid die Schönste im Land.«

Da war sie zufrieden, denn sie wußte, daß der Spiegel die Wahrheit sagte.

Sneewittchen aber wuchs heran und wurde immer schöner, und als es sieben Jahre alt war, war es so schön wie der klare Tag und schöner als die Königin selbst. Als diese einmal ihren Spiegel fragte:

»Spieglein, Spieglein an der Wand,
wer ist die Schönste im ganzen Land?«

so antwortete er:

»Frau Königin, Ihr seid die Schönste hier,
aber Schneewittchen ist tausendmal schöner als Ihr.«

Da erschrak die Königin und ward gelb und grün vor Neid. Von Stund an, wenn sie Sneewittchen erblickte, kehrte sich ihr das Herz im Leibe herum, so haßte sie das Mädchen. Und der Neid und Hochmut wuchsen wie ein Unkraut in ihrem Herzen immer höher, daß sie Tag und Nacht keine Ruhe mehr hatte. Da rief sie einen Jäger und sprach: »Bring das Kind hinaus in den Wald, ich will's nicht mehr vor meinen Augen sehen. Du sollst es töten und mir Lunge und Leber zum Wahrzeichen mitbringen.« Der Jäger gehorchte und führte es hinaus, und als er den Hirschfänger gezogen hatte und Sneewittchens unschuldiges Herz durchbohren wollte, fing es an zu weinen und sprach: »Ach, lieber Jäger, laß mir mein Leben; ich will in den wilden Wald laufen und nimmermehr wieder heimkommen.« Und weil es so schön war, hatte der Jäger Mitleid und sprach: »So lauf hin, du armes Kind.« — »Die wilden Tiere werden dich bald gefressen haben«, dachte er und doch war's ihm, als wär ein Stein von seinem Herzen gewälzt, weil er es nicht zu töten brauchte. Und als gerade ein junger Frischling dahergesprungen kam, stach er ihn ab, nahm Lunge und Leber heraus und brachte sie als Wahrzeichen der Königin mit. Der Koch mußt sie in Salz kochen, und das boshafte Weib aß sie auf und meinte, sie hätte Sneewittchens Lunge und Leber gegessen.

Nun war das arme Kind in dem großen Wald mutterseelenallein, und es ward ihm so angst, daß es alle Blätter an den Bäumen ansah und nicht wußte, wie es sich helfen sollte. Da fing es an zu laufen und lief über die spitzen Steine und durch die Dornen, und die wilden Tiere sprangen an ihm vorbei, aber sie taten ihm nichts. Es lief, solange nur die Füße noch fort konnten, bis es bald Abend werden wollte, da sah es ein kleines Häuschen und ging hinein, um zu ruhen. In dem Häuschen war alles klein, aber so zierlich und reichlich, daß es nicht zu sagen ist. Da stand ein weißgedecktes Tischlein mit sieben kleinen Tellern, jedes Tellerlein mit seinem Löffelein, ferner sieben Messerlein und Gäblein und sieben Becherlein. An der Wand waren sieben Bettlein nebeneinander aufgestellt und schneeweiße Laken darüber gedeckt. Sneewittchen, weil es so hungrig und durstig war, aß von jedem Tellerlein ein wenig Gemüse und Brot und trank aus jedem Becherlein einen Tropfen Wein; denn es wollte nicht einem allein alles wegnehmen. Hernach, weil es so müde war, legte es sich in ein Bettchen, aber keins paßte; das eine war zu lang, das andere zu kurz, bis endlich das siebente recht war: Darin blieb es liegen, befahl sich Gott und schlief ein.

Als es ganz dunkel geworden war, kamen die Herren von dem Häuslein, das waren die sieben Zwerge, die in den Bergen nach Erz hackten und gruben. Sie zündeten ihre sieben Lichtlein an, und wie es nun hell im Häuslein ward, sahen sie, daß jemand darin gewesen war, denn es stand nicht alles so in der Ordnung, wie sie es verlassen hatten. Der erste sprach: »Wer hat auf meinem Stühlchen gesessen?« Der zweite: »Wer hat von meinem Tellerchen gegessen?« Der dritte: »Wer hat von meinem Brötchen genommen?« Der vierte: »Wer hat von meinem Gemüschen gegessen?« Der fünfte: »Wer hat mit meinem Gäbelchen gestochen?« Der sechste: »Wer hat mit meinem Messerchen geschnitten?« Der siebente: »Wer hat aus meinem Becherlein getrunken?« Dann sah sich der erste um und sah, daß auf seinem Bett eine kleine Delle war, da sprach er: »Wer hat in mein Bettchen getreten?« Die andern kamen gelaufen und riefen: »In meinem hat auch jemand gelegen.« Der siebente aber, als er in sein Bett sah, erblickte Sneewittchen, das lag darin und schlief. Nun rief er die andern, die kamen herbeigelaufen und schrien vor Verwunderung, holten ihre sieben Lichtlein und beleuchteten Sneewittchen. »Ei, du mein Gott! Ei, du mein Gott!« riefen sie, »was ist das Kind so schön!« und hatten so große Freude, daß sie es nicht aufweckten, sondern im Bettlein fortschlafen ließen. Der siebente Zwerg aber schlief bei seinen Gesellen, bei jedem eine Stunde, da war die Nacht herum.

Als es Morgen war, erwachte Sneewittchen, und wie es die sieben Zwerge sah, erschrak es. Sie waren aber freundlich und fragten: »Wie heißt du?« — »Ich heiße Sneewittchen«, antwortete es. »Wie bist du in unser Haus gekommen?« sprachen weiter die Zwerge. Da erzählte es ihnen, daß seine Stiefmutter es hätte wollen umbringen lassen, der Jäger hätte ihm aber das Leben geschenkt, und da wäre es gelaufen den ganzen Tag, bis es endlich ihr Häuslein gefunden hätte. Die Zwerge sprachen: »Willst du unsern Haushalt versehen, kochen, betten, waschen, nähen und stricken, und willst du alles ordentlich und reinlich halten, so kannst du bei uns bleiben, und es soll dir an nichts fehlen.« — »Ja«, sagte Sneewittchen, »von Herzen gern«, und blieb bei ihnen. Es hielt ihnen das Haus in Ordnung: Morgens gingen sie in die Berge und suchten Erz und Gold, abends kamen sie wieder, und da mußte ihr Essen

bereit sein. Den Tag über war das Mädchen allein, da warnten es die guten Zwerglein und sprachen: »Hüte dich vor deiner Stiefmutter, die wird bald wissen, daß du hier bist; laß ja niemanden herein.«
Die Königin aber, nachdem sie Sneewittchens Lunge und Leber glaubte gegessen zu haben, dachte nichts anderes, als sie wäre wieder die Erste und Allerschönste, trat vor ihren Spiegel und sprach:

>»Spieglein, Spieglein an der Wand,
> wer ist die Schönste im ganzen Land?«

Da antwortete der Spiegel:

> »Frau Königin, Ihr seid die Schönste hier,
> aber Sneewittchen über den Bergen
> bei den sieben Zwergen
> ist noch tausendmal schöner als Ihr.«

Da erschrak sie, denn sie wußte, daß der Spiegel keine Unwahrheit sprach, und merkte, daß der Jäger sie betrogen hatte und Sneewittchen noch am Leben war. Und da sann und sann sie aufs neue, wie sie es umbringen wollte; denn solange sie nicht die Schönste war im ganzen Land, ließ ihr der Neid keine Ruhe. Und als sie sich endlich etwas ausgedacht hatte, färbte sie sich das Gesicht und kleidete sich wie eine alte Krämerin und war ganz unkenntlich. In dieser Gestalt ging sie über die sieben Berge zu den sieben Zwergen, klopfte an die Tür und rief: »Schöne Ware feil! Feil!« Sneewittchen guckte zum Fenster heraus und rief: »Guten Tag, liebe Frau, was habt Ihr zu verkaufen?« — »Gute Ware, schöne Ware«, antwortete sie, »Schnürriemen von allen Farben«, und holte einen hervor, der aus bunter Seide geflochten war. »Die ehrliche Frau kann ich hereinlassen«, dachte Sneewittchen, riegelte die Tür auf und kaufte sich den hübschen Schnürriemen. »Kind«, sprach die Alte, »wie du aussiehst! Komm, ich will dich einmal ordentlich schnüren.« Sneewittchen hatte kein Arg, stellte sich vor sie und ließ sich mit dem neuen Schnürriemen schnüren: Aber die Alte schnürte geschwind und schnürte so fest, daß dem Sneewittchen der Atem verging und es für tot hinfiel. »Nun bist du die Schönste gewesen«, sprach die Alte und eilte hinaus.

Nicht lange darauf, zur Abendzeit, kamen die sieben Zwerge nach Haus, aber wie erschraken sie, als sie ihr liebes Sneewittchen auf der Erde liegen sahen; und es regte und bewegte sich nicht, als wäre es tot. Sie hoben es in die Höhe, und weil sie sahen, daß es zu fest geschnürt war, schnitten sie den Schnürriemen entzwei: Da fing es an ein wenig zu atmen und ward nach und nach wieder lebendig. Als die Zwerge hörten, was geschehen war, sprachen sie: »Die alte Krämerfrau war niemand anders als die gottlose Königin: Hüte dich und laß keinen Menschen herein, wenn wir nicht bei dir sind.«
Das böse Weib aber, als es nach Haus gekommen war, ging vor den Spiegel und fragte:

>»Spieglein, Spieglein an der Wand,
>wer ist die Schönste im ganzen Land?«

Da antwortete er wie sonst:

>»Frau Königin, Ihr seid die Schönste hier,
>aber Sneewittchen über den Bergen
>bei den sieben Zwergen
>ist noch tausendmal schöner als Ihr.«

Als sie das hörte, lief ihr alles Blut zum Herzen, so erschrak sie, denn sie sah wohl, daß Sneewittchen wieder lebendig geworden war. »Nun aber«, sprach sie, »will ich etwas aussinnen, das dich zugrunde richten soll«, und mit Hexenkünsten, die sie verstand, machte sie einen giftigen Kamm. Dann verkleidete sie sich und nahm die Gestalt eines andern alten Weibes an. So ging sie hin über die sieben Berge zu den sieben Zwergen, klopfte an die Tür und rief: »Gute Ware feil! Feil!« Sneewittchen schaute heraus und sprach: »Geht nur weiter, ich darf niemanden hereinlassen.« — »Das Ansehen wird dir doch erlaubt sein«, sprach die Alte und zog den giftigen Kamm heraus und hielt ihn in die Höhe. Da gefiel er dem Kinde so gut, daß es sich betören ließ und die Tür öffnete. Als sie des Kaufs einig waren, sprach die Alte: »Nun will ich dich einmal ordentlich kämmen.« Das arme Sneewittchen dachte an nichts und ließ die Alte gewähren, aber kaum hatte sie den Kamm in die Haare gesteckt, als das Gift darin wirkte und das Mädchen ohne Besinnung niederfiel. »Du Ausbund von Schönheit«, sprach das boshafte Weib, »jetzt ist's um dich ge-

schehen«, und ging fort. Zum Glück aber war es bald Abend, wo die sieben Zwerglein nach Hause kamen. Als sie Sneewittchen wie tot auf der Erde liegen sahen, hatten sie gleich die Stiefmutter in Verdacht, suchten nach und fanden den giftigen Kamm, und kaum hatten sie ihn herausgezogen, so kam Sneewittchen wieder zu sich und erzählte, was vorgegangen war. Da warnten sie es noch einmal, auf seiner Hut zu sein und niemandem die Tür zu öffnen.
Die Königin stellte sich daheim vor den Spiel und sprach:

>»Spieglein, Spieglein an der Wand,
wer ist die Schönste im ganzen Land?«

Da antwortete er wie vorher:

>»Frau Königin, Ihr seid die Schönste hier,
aber Sneewittchen über den Bergen
bei den sieben Zwergen
ist noch tausendmal schöner als Ihr.«

Als sie den Spiegel so reden hörte, zitterte und bebte sie vor Zorn. »Sneewittchen soll sterben«, rief sie, »und wenn es mein eignes Leben kostet.« Darauf ging sie in eine ganz verborgene einsame Kammer, wo niemand hinkam, und machte da einen giftigen, ganz giftigen Apfel. Äußerlich sah er schön aus, weiß mit roten Backen, daß jeder, der ihn erblickte, Lust danach bekam, aber wer ein Stückchen davon aß, der mußte sterben. Als der Apfel fertig war, färbte sie sich das Gesicht und verkleidete sich in eine Bauersfrau, und so ging sie über die sieben Berge zu den sieben Zwergen. Sie klopfte an, Sneewittchen streckte den Kopf zum Fenster heraus und sprach: »Ich darf keinen Menschen einlassen, die sieben Zwerge haben mir's verboten.« — »Mir auch recht«, antwortete die Bäuerin, »meine Äpfel will ich schon loswerden. Da, einen will ich dir schenken.« — »Nein«, sprach Sneewittchen, »ich darf nichts annehmen.« — »Fürchtest du dich vor Gift?« sprach die Alte, »siehst du, da schneide ich den Apfel in zwei Teile, den roten Backen iß du; den weißen will ich essen.« Der Apfel war aber so künstlich gemacht, daß der rote Backen allein vergiftet war. Sneewittchen lusterte den schönen Apfel an, und als es sah, daß die Bäuerin davon aß, so konnte es nicht länger widerstehen, streckte die Hand hinaus und nahm die giftige Hälfte.

Kaum aber hatte es einen Bissen davon im Mund, so fiel es tot zur Erde nieder. Da betrachtete es die Königin mit grausigen Blicken und lachte überlaut und sprach: »Weiß wie Schnee, rot wie Blut, schwarz wie Ebenholz! Diesmal können dich die Zwerge nicht wieder erwecken.«
Und als sie daheim den Spiegel befragte:

»Spieglein, Spieglein an der Wand,
wer ist die Schönste im ganzen Land?«

so antwortete er endlich:

»Frau Königin, Ihr seid die Schönste im Land.«

Da hatte ihr neidisches Herz Ruhe, so gut ein neidisches Herz Ruhe haben kann.
Die Zwerglein, wie sie abends nach Haus kamen, fanden Sneewittchen auf der Erde liegen, und es ging kein Atem mehr aus seinem Mund, und es war tot. Sie hoben es auf, suchten ob sie was Giftiges fänden, schnürten es auf, kämmten ihm die Haare, wuschen es mit Wasser und Wein, aber es half alles nichts; das liebe Kind war tot und blieb tot. Sie legten es auf eine Bahre und setzten sich alle sieben daran und beweinten es und weinten drei Tage lang. Da wollten sie es begraben, aber es sah noch so frisch aus wie ein lebender Mensch und hatte noch seine schönen roten Backen. Sie sprachen: »Das können wir nicht in die schwarze Erde versenken«, und ließen einen durchsichtigen Sarg von Glas machen, daß man das Mädchen von allen Seiten sehen konnte, legten es hinein und schrieben mit goldenen Buchstaben seinen Namen darauf und daß es eine Königstochter wäre. Dann setzten sie den Sarg hinaus auf den Berg, und einer von ihnen blieb immer dabei und bewachte ihn. Und die Tiere kamen auch und beweinten Sneewittchen, erst eine Eule, dann ein Rabe, zuletzt ein Täubchen.
Nun lag Sneewittchen lange, lange Zeit in dem Sarg und verweste nicht, sondern sah aus, als wenn es schliefe, denn es war noch so weiß wie Schnee, so rot wie Blut und so schwarzhaarig wie Ebenholz. Es geschah aber, daß ein Königssohn in den Wald geriet und zu dem Zwergenhaus kam, da zu übernachten. Er sah auf dem Berg den Sarg und das schöne Sneewittchen darin und las, was mit goldenen Buchstaben darauf geschrieben war. Da sprach er zu den Zwergen: »Laßt mir den Sarg, ich will euch geben, was ihr dafür haben wollt.« Aber die Zwerge antwor-

teten: »Wir geben ihn nicht um alles Gold in der Welt.« Da sprach er: »So schenkt mir ihn, denn ich kann nicht leben, ohne Sneewittchen zu sehen, ich will es ehren und hochhalten wie mein Liebstes.« Wie er so sprach, empfanden die guten Zwerglein Mitleid mit ihm und gaben ihm den Sarg. Der Königssohn ließ ihn nun von seinen Dienern auf den Schultern forttragen. Da geschah es, daß sie über einen Strauch stolperten, und von der Erschütterung fuhr der giftige Apfelgrütz, den Sneewittchen abgebissen hatte, aus dem Hals. Und nicht lange, so öffnete es die Augen, hob den Deckel vom Sarg in die Höhe, richtete sich auf und war wieder lebendig. »Ach Gott, wo bin ich?« rief es. Der Königssohn sagte voll Freude: »Du bist bei mir«, und erzählte, was sich zugetragen hatte, und sprach: »Ich habe dich lieber als alles auf der Welt; komm mit mir in meines Vaters Schloß, du sollst meine Gemahlin werden.« Da war ihm Sneewittchen gut und ging mit ihm, und ihre Hochzeit ward mit großer Pracht und Herrlichkeit angeordnet.

Zu dem Fest wurde aber auch Sneewittchens gottlose Stiefmutter eingeladen. Wie sie sich nun mit schönen Kleidern angetan hatte, trat sie vor den Spiegel und sprach:

> »Spieglein, Spieglein an der Wand,
> wer ist die Schönste im ganzen Land?«

Der Spiegel antwortete:

> »Frau Königin, Ihr seid die Schönste hier,
> aber die junge Königin ist tausendmal schöner
> als Ihr.«

Da stieß das böse Weib einen Fluch aus, und es ward ihr so angst, so angst, daß sie sich nicht zu beruhigen wußte. Sie wollte zuerst gar nicht auf die Hochzeit kommen, doch ließ es ihr keine Ruhe, sie mußte fort und die junge Königin sehen. Und wie sie hineintrat, erkannte sie Sneewittchen, und vor Angst und Schrecken stand sie da und konnte sich nicht regen. Aber es waren schon eiserne Pantoffeln über Kohlenfeuer gestellt und wurden mit Zangen hereingetragen und vor sie hingestellt. Da mußte sie in die rotglühenden Schuhe treten und so lange tanzen, bis sie tot zur Erde fiel.

Das Ur-Schneewittchen

Ernst Bloch schrieb 1930: »Das Märchen erzählt eine Wunscherfüllung, die nicht nur an seine Zeit und das Kostüm ihrer Inhalte gebunden ist...« Nimmt man das als heuristisches Prinzip, so wird man zum Beispiel leicht herausfinden, daß der von den Brüdern Grimm überlieferten Fassung des »Schneewittchen« ein anderslautender Ur-Text zugrunde gelegen haben muß. Es scheint mir — gerade im Lichte der jüngsten Zeit — nicht allzuschwer, dieses Ur-Schneewittchen zu rekonstruieren. Auch die Motive der späteren — verharmlosenden — Bearbeiter lassen sich leicht erraten.

Es war einmal, so muß es im Ur-Schneewittchen geheißen haben, ein bildschönes junges Mädchen, das auf dem Schloß seiner königlichen Eltern in Glanz und Reichtum aufwuchs. Sein Haar war schwarz wie Ebenholz, seine Wangen weiß wie Schnee und die Lippen so rot wie Blut, aber im tiefsten Herzen war es unglücklich, weil es bereits ahnte, daß all[1] der Glanz und Reichtum des Hofes auf der Armut und der Ausbeutung der Bevölkerung beruhte.
Eines Tages traf es auf seinem Ritt durch den Wald einen wild aussehenden, bärtigen Jüngling. Es sprach ihn freundlich an und erfuhr, daß er zu den Partisanen gehörte, die sich die Befreiung des Volkes von Tyrannei und Ausbeutung zum Ziele gesetzt hatten. Zum Abschied schenkte ihr der Partisan ein kleines rotes Buch und bat, nur heimlich darin zu lesen und es niemandem sonst am Hofe zu zeigen.

[1] Natürlich erscheint jedem kritischen Leser seit 1871 und noch mehr seit 1918 die Tatsache, daß Schneewittchens Schönheit mit den Farben Schwarz-Weiß-Rot assoziiert wird, als eine höchst fragwürdige nationalistische, ja reaktionäre Anspielung. Die verbürgte Entstehungszeit des Märchens verbietet es allerdings, den Erzählern oder Überlieferern das als Absicht zu unterstellen. Immerhin könnte man sich fragen, ob man nicht aus politisch-erzieherischen Gründen *heute* andere Farben wählen müßte. Erfreulich bleibt andererseits, daß schwarze, nicht — wie bei dem norddeutschen Ursprung der Erzählung und der Teutomanie der Märchensammler naheliegend — blonde Haare als besonders schön bezeichnet werden.

Als Schneewittchen, so hieß unsere junge Prinzessin, sieben Nächte in diesem Buch gelesen hatte, kannte sie es so gut wie auswendig und war von der Gerechtigkeit der Sache der Partisanen überzeugt. Als sie das nächste Mal in den Wald ritt, nahm sie heimlich eine Anzahl guter Waffen mit und ritt über die sieben Berge[2], bis sie zum Lager der Partisanen kam, die sie begeistert aufnahmen, zumal sie nützliche Waffen mitbrachte. Die Kunde vom Übertritt der schönen Königstochter ins Lager der Partisanen verbreitete sich wie ein Steppenbrand im ganzen Königreich und führte den Freiheitskämpfern viele neue Anhänger zu.

Schließlich — nachdem mannigfaltige hinterlistige Anschläge der königlichen Truppen abgeschlagen worden waren — stürmten die Partisanen das Schloß, stürzten die königliche Regierung und setzten eine revolutionäre Volksregierung ein, der Schneewittchen angehörte. Die böse Königin wurde wegen heimtückischer Anschläge auf die Volksarmee hingerichtet, der abgedankte König aber durfte noch viele Jahre in bescheidener Stellung seinem Volke dienen, um wenigstens etwas von dem wiedergutzumachen, was es ihm angetan hatte (ähnlich wie der letzte Kaiser von Mandschukuo in unseren Tagen). In der revolutionären Volksregierung aber trat Schneewittchen für die Befreiung der Frau ein, und alle im Lande liebten und bewunderten es, und wenn es nicht gestorben ist, so lebt es heute noch.

So muß — auf die wesentlichen Züge reduziert — das Ur-Schneewittchen etwa ausgesehen haben. Die ängstlichen Bearbeiter aus dem kleinbürgerlichen oder kleinbäuerlichen Milieu, denen wir die von den Grimms notierte Fassung verdankten, haben alles getan, um diese Urform unkenntlich zu machen: Aus dem freiwilligen, politisch motivierten Entschluß Schneewittchens machten sie die Folge des privaten Racheaktes der eifersüchtigen Stiefmutter, die zu einer erbarmungslosen Schönheitskonkurrenz gegen Schneewittchen antritt.

Aus den mutigen Partisanen hinter den sieben Bergen

---

[2] Auch wenn es denkbar ist, daß mit den »sieben Bergen« seinerzeit das bei Bonn gelegene *Siebengebirge* gemeint gewesen sein sollte, besteht doch kein Grund zu der (in der Bundeshauptstadt kursierenden) Vermutung, dort hielten sich auch heutzutage wieder Guerilleros auf.

werden die »sieben Zwerge«, eine Modifikation, der man deutlich die Verharmlosungs- und Ridikülisierungs-Absicht anmerkt. Statt mit dem Partisanen-Kollektiv zu kämpfen, wird Schneewittchen die Rolle einer Hausgehilfin bei den zwergenhaften Junggesellen angedichtet. Von den harten Klassenkämpfen bleiben als einzige Spuren die heimtückischen Vergiftungsversuche der verkleideten Stiefmutter übrig. Wiederum wird also das politische Geschehen ins Private umgedeutet.
Den Gipfel der Entstellung aber bildet das Happy-End mit dem plötzlich auftauchenden standesgemäßen Bräutigam. Daß es sich dabei um eine glatte Fälschung handelt, wird an der sichtlichen Verlegenheit der Zwerge und ihrer wenig glaubhaften Bereitschaft, sich von Schneewittchens Sarg zu trennen, offenbar.
An einigen Stellen schimmert freilich noch immer das Ur-Schneewittchen durch: Unverfälscht ist die Solidarität der Rebellen (»Zwerge«) untereinander und mit der jungen Partisanin und ihre Wachsamkeit gegenüber den Anschlägen des Klassenfeindes (der »Stiefmutter«). Auch ist begreiflich, daß Schneewittchen den Klassenfeind in der proletarischen Verkleidung (die als Kleinhändlerin und Apfelfrau verkleidete Königin) nicht erkennen konnte, weil ihm der sichere Klasseninstinkt fehlte, der die anderen Partisanen zweifellos zur Entlarvung der verkleideten Königin befähigt hätte.
Geschickt nützt die heimtückische Reaktion (Königin) gerade die ethisch motivierte Liebe Schneewittchens zum einfachen Volk (Proletariat) aus, um es zu täuschen. Auch die Tatsache, daß sich die königliche Macht bei ihrem Kampf gegen die Partisanen heimtückischer Mittel (Verkleidung, vergiftete Kämme und Nahrungsmittel usw.) bedient, dürfte als realistischer Zug dem Ur-Schneewittchen entnommen sein.
Das »Spieglein an der Wand« endlich, das so zuverlässig über alles Auskunft geben kann, was im Königreich passiert, könnte eine märchenhafte Allegorie der königlichen Geheimpolizei sein, die an allen Ecken und Enden ihre Späher und Spitzel unterhält. In diesem Falle ist die privatistische Umbiegung durch die Assoziation von Spiegel und »Unbestechlichkeit« besonders naheliegend und raffiniert. Die führende Rolle der Königin bei der

Verfolgung der Partisanen dürfte übrigens durchaus der Realität entsprechen, hat es doch noch in unseren Tagen (Madame Nhu!) ähnliche Verhaltensweisen gegeben.

Mir scheint, in diesem Fall darf man den Brüdern Grimm jedenfalls nicht allein die Schuld an der Umarbeitung geben. Sie haben das Märchen vermutlich schon in ängstlich deformierter Gestalt vorgefunden und es lediglich weiter harmonisiert und geglättet. So wurde aus dem Bericht über einen heroischen Volksaufstand eine banale Schnulze, die bereits nach dem bekannten Hollywood-Rezept der dreißiger Jahre arbeitet: »girl (or man) getting into trouble and out again«.

Warum sollte das Volk eine solch banale Geschichte überliefert haben? Allenfalls um sich einen handfesteren Trost zu verschaffen, als ihm die Religion zu bieten vermochte. Wo jene nur mit der ausgleichenden Gerechtigkeit im Jenseits winkt, da verspricht das Märchen schon hier der bösen Stiefmutter die verdiente Strafe und dem arglosen Schneewittchen das verdiente Glück. Das Märchen als Opium des Volkes? In seiner Urfassung war es sicher das Gegenteil!

3. Tischchen deck dich, Goldesel und Knüppel aus dem Sack

Vor Zeiten war ein Schneider, der drei Söhne hatte und nur eine einzige Ziege. Aber die Ziege, weil sie alle zusammen mit ihrer Milch ernährte, mußte ihr gutes Futter haben und täglich hinaus auf die Weide geführt werden. Die Söhne taten das auch nach der Reihe. Einmal brachte sie der älteste auf den Kirchhof, wo die schönsten Kräuter standen, ließ sie da fressen und herumspringen. Abends, als es Zeit war, heimzugehen, fragte er: »Ziege, bist du satt?« Die Ziege antwortete:

»Ich bin so satt, ich mag kein Blatt: Meh! Meh!«

»So komm nach Haus«, sprach der Junge, faßte sie am Strickchen, führte sie in den Stall und band sie fest. »Nun«, sagte der alte Schneider, »hat die Ziege ihr gehöriges Futter?« — »Oh«, antwortete der Sohn, »die ist so satt, sie mag kein Blatt.« Der Vater aber wollte sich selbst überzeugen, ging hinab in den Stall, streichelte das liebe Tier und fragte: »Ziege, bist du auch satt?« Die Ziege antwortete:

»Wovon sollt' ich satt sein?
Ich sprang nur über Gräbelein
und fand kein einzig Blättelein: Meh! Meh!«

»Was muß ich hören!« rief der Schneider, lief hinauf und sprach zu dem Jungen: »Ei, du Lügner, sagst, die Ziege wäre satt, und hast sie hungern lassen?«, und in seinem Zorne nahm er die Elle von der Wand und jagte ihn mit Schlägen hinaus.
Am andern Tag war die Reihe am zweiten Sohn, der suchte an der Gartenhecke einen Platz aus, wo lauter gute Kräuter standen, und die Ziege fraß sie rein ab. Abends, als er heim wollte, fragte er: »Ziege, bist du satt?« Die Ziege antwortete:

»Ich bin so satt, ich mag kein Blatt: Meh! Meh!«

»So komm nach Haus«, sprach der Junge, zog sie heim und

band sie im Stall fest. »Nun«, sprach der alte Schneider, »hat die Ziege ihr gehöriges Futter?« — »Oh«, antwortete der Sohn, »die ist so satt, sie mag kein Blatt.« Der Schneider wollte sich darauf nicht verlassen, ging hinab in den Stall und fragte: »Ziege, bist du auch satt?« Die Ziege antwortete:

>>Wovon sollt' ich satt sein?
Ich sprang nur über Gräbelein
und fand kein einzig Blättelein: Meh!«

»Der gottlose Bösewicht!« schrie der Schneider, »so ein frommes Tier hungern zu lassen!«, lief hinauf und schlug mit der Elle den Jungen zur Haustür hinaus.
Die Reihe kam jetzt an den dritten Sohn, der wollte seine Sache gut machen, suchte Buschwerk mit dem schönsten Laube aus und ließ die Ziege daran fressen. Abends, als er heim wollte, fragte er: »Ziege, bist du auch satt?« Die Ziege antwortete:

»Ich bin so satt, ich mag kein Blatt: Meh! Meh!«

»So komm nach Haus«, sagte der Junge, führte sie in den Stall und band sie fest. »Nun«, sagte der alte Schneider, »hat die Ziege ihr gehöriges Futter?« — »Oh«, antwortete der Sohn, »die ist so satt, sie mag kein Blatt.« Der Schneider traute nicht, ging hinab und fragte: »Ziege, bist du auch satt?« Das boshafte Tier antwortete:

»Wovon sollt' ich satt sein?
Ich sprang nur über Gräbelein und fand kein einzig Blättelein: Meh! Meh!«

»O die Lügenbrut!« rief der Schneider, »einer so gottlos und pflichtvergessen wie der andere! Ihr sollt mich nicht länger zum Narren haben!«, und vor Zorn ganz außer sich, sprang er hinauf und gerbte dem armen Jungen mit der Elle den Rücken so gewaltig, daß er zum Haus hinaussprang.
Der alte Schneider war nun mit seiner Ziege allein. Am andern Morgen ging er hinab in den Stall, liebkoste die Ziege und sprach: »Komm, mein liebes Tierlein, ich will dich selbst zur Weide führen.« Er nahm sie am Strick und brachte sie zu grünen Hecken und unter Schafrippe und was sonst die Ziegen

gerne fressen. »Da kannst du dich einmal nach Herzenslust sättigen«, sprach er zu ihr und ließ sie weiden bis zum Abend. Da fragte er: »Ziege, bist du satt?« Sie antwortete:

»Ich bin so satt, ich mag kein Blatt: Meh! Meh!«

»So komm nach Haus«, sagte der Schneider, führte sie in den Stall und band sie fest. Als er wegging, kehrte er sich noch einmal um und sagte: »Nun bist du doch einmal satt!« Aber die Ziege machte es ihm nicht besser und rief:

»Wie sollt' ich satt sein?
Ich sprang nur über Gräbelein
und fand kein einzig Blättlein: Meh! Meh!«

Als der Schneider das hörte, stutzte er und sah wohl, daß er seine drei Söhne ohne Ursache verstoßen hatte. »Wart«, rief er, »du undankbares Geschöpf, dich fortzujagen ist noch zuwenig, ich will dich zeichnen, daß du dich unter ehrbaren Schneidern nicht mehr darfst sehen lassen.« In einer Hast sprang er hinauf, holte sein Bartmesser, seifte der Ziege den Kopf ein und schor sie so glatt wie seine flache Hand. Und weil die Elle zu ehrenvoll gewesen wäre, holte er die Peitsche und versetzte ihr solche Hiebe, daß sie in gewaltigen Sprüngen davonlief.

Der Schneider, als er so ganz einsam in seinem Hause saß, verfiel in große Traurigkeit und hätte seine Söhne gerne wiedergehabt, aber niemand wußte, wo sie hingeraten waren. Der älteste war zu einem Schreiner in die Lehre gegangen, da lernte er fleißig und unverdrossen, und als seine Zeit herum war, daß er wandern sollte, schenkte ihm der Meister ein Tischchen, das gar kein besonderes Ansehen hatte und von gewöhnlichem Holz war: aber es hatte eine gute Eigenschaft. Wenn man es hinstellte und sprach »Tischchen, deck dich«, so war das gute Tischchen auf einmal mit einem saubern Tüchlein bedeckt, und es stand da ein Teller und Messer und Gabel daneben und Schüsseln mit Gesottenem und Gebratenem, so viel Platz hatten, und ein großes Glas mit rotem Wein leuchtete, daß einem das Herz lachte. Der junge Gesell dachte: »Damit hast du genug für dein Lebtag«, zog guter Dinge in der Welt umher und bekümmerte sich gar nicht darum, ob ein Wirtshaus gut oder schlecht und ob etwas darin zu finden war oder nicht. Wenn es ihm gefiel, so kehrte er gar nicht ein, sondern im Felde, im Wald, auf einer Wiese, wo er Lust hatte, nahm er sein Tischchen vom Rücken, stellte es vor sich und sprach »deck dich«, so war alles da, was sein Herz begehrte. Endlich kam es ihm in den Sinn, er wollte zu seinem Vater zurückkehren, sein Zorn würde sich gelegt haben, und mit dem Tischchen deck dich würde er ihn gerne wieder aufnehmen. Es trug sich zu, daß er auf dem Heimweg abends in ein Wirtshaus kam, das mit Gästen angefüllt war: Sie hießen ihn willkommen und luden ihn ein, sich zu ihnen zu setzen und mit ihnen zu essen, sonst würde er schwerlich noch etwas bekommen. »Nein«, antwortete der Schreiner, »die paar Bissen will ich euch nicht vor dem Munde nehmen, lieber sollt ihr meine Gäste sein.« Sie lachten und meinten, er triebe seinen Spaß mit ihnen. Er aber stellte sein hölzernes Tischchen mitten in die Stube und sprach: »Tischchen deck dich.« Augenblicklich war es mit Speisen besetzt, so gut, wie sie der Wirt nicht hätte herbeischaffen können, und wovon der Geruch den Gästen lieblich in die Nase stieg. »Zugegriffen, liebe Freunde«, sprach der Schreiner, und die Gäste, als sie sahen, wie es gemeint war, ließen sich nicht zweimal bitten, rückten heran, zogen ihre Messer und griffen tapfer zu. Und was sie am meisten verwunderte, wenn eine Schüssel leer geworden war, so stellte sich gleich von selbst eine volle an ihren Platz. Der Wirt stand in einer Ecke und sah dem Dinge zu; er wußte gar nicht, was er sagen sollte, dachte aber: »Einen solchen Koch könntest du in deiner Wirtschaft wohl brauchen.« Der Schreiner und seine Gesellschaft waren lustig bis in die späte Nacht, endlich legten sie sich schlafen, und der junge Geselle ging auch zu Bett und stellte sein Wünschtischchen an die Wand. Dem Wirte aber ließen seine Gedanken keine Ruhe, es fiel ihm ein, daß in seiner Rumpelkammer ein altes Tischchen stände, das gerade so aussähe: Das holte er ganz sachte herbei und vertauschte es mit dem Wünschtischchen. Am andern Morgen zahlte der Schreiner sein Schlafgeld, packte sein Tischchen auf, dachte gar nicht daran, daß er ein falsches hätte, und ging seiner Wege. Zu Mittag kam er bei seinem Vater an, der ihn mit großer Freude empfing. »Nun, mein lieber Sohn, was hast du gelernt?« sagte er zu ihm. »Vater, ich bin ein Schreiner geworden.« — »Ein gutes Handwerk«, erwiderte der Alte, »aber was hast du von deiner Wanderschaft mitgebracht?« — »Vater, das Beste, was ich mitgebracht habe, ist das Tischchen.« Der

Schneider betrachtete es von allen Seiten und sagte: »Daran hast du kein Meisterstück gemacht, das ist ein altes und schlechtes Tischchen.« — »Aber es ist ein Tischchen deck dich«, antwortete der Sohn, »wenn ich es hinstelle und sage ihm, es solle sich decken, so stehen gleich die schönsten Gerichte darauf und ein Wein dabei, der das Herz erfreut. Ladet nur alle Verwandte und Freunde ein, die sollen sich einmal laben und erquicken, denn das Tischchen macht sie alle satt.« Als die Gesellschaft beisammen war, stellte er sein Tischchen mitten in die Stube und sprach: »Tischchen, deck dich.« Aber das Tischchen regte sich nicht und blieb so leer wie ein anderer Tisch, der die Sprache nicht versteht. Da merkte der arme Geselle, daß ihm das Tischchen vertauscht war, und schämte sich, daß er wie ein Lügner dastand. Die Verwandten aber lachten ihn aus und mußten ungetrunken und ungegessen wieder heimwandern. Der Vater holte seine Lappen wieder herbei und schneiderte fort, der Sohn aber ging bei einem Meister in die Arbeit.

Der zweite Sohn war zu einem Müller gekommen und bei ihm in die Lehre gegangen. Als er seine Jahre herum hatte, sprach der Meister: »Weil du dich so wohl gehalten hast, so schenke ich dir einen Esel von einer besonderen Art, er zieht nicht am Wagen und trägt auch keine Säcke.« — »Wozu ist er denn nütze?« fragte der junge Geselle. »Er speit Gold«, antwortete der Müller, »wenn du ihn auf ein Tuch stellst und sprichst ›Bricklebrit‹, so speit dir das gute Tier Goldstücke aus, hinten und vorn.« — »Das ist eine schöne Sache«, sprach der Geselle, dankte dem Meister und zog in die Welt. Wenn er Gold nötig hatte, brauchte er nur zu seinem Esel »Bricklebrit« zu sagen, so regnete es Goldstücke, und er hatte weiter keine Mühe, als sie von der Erde aufzuheben. Wo er hinkam, war ihm das Beste gut genug und je teurer, je lieber, denn er hatte immer einen vollen Beutel.

Als er sich eine Zeitlang in der Welt umgesehen hatte, dachte er: »Du mußt deinen Vater aufsuchen, wenn du mit dem Goldesel kommst, so wird er seinen Zorn vergessen und dich gut aufnehmen.« Es trug sich zu, daß er in dasselbe Wirtshaus geriet, in welchem seinem Bruder das Tischchen vertauscht war. Er führte seinen Esel an der Hand, und der Wirt wollte ihm das Tier abnehmen und anbinden, der junge Geselle aber sprach: »Gebt Euch keine Mühe, meinen Grauschimmel führe ich selbst in den Stall und binde ihn auch selbst an, denn ich muß wissen, wo er steht.« Dem Wirt kam es wunderlich vor, und er meinte, einer, der seinen Esel selbst besorgen müßte, hätte nicht viel zu verzehren: Als aber der Fremde in die Tasche griff, zwei Goldstücke herausholte und sagte, er sollte nur etwas Gutes für ihn einkaufen, so machte er große Augen, lief und suchte das Beste, das er auftreiben konnte. Nach der Mahlzeit fragte der Gast, was er schuldig wäre, der Wirt wollte die doppelte Kreide nicht sparen und sagte, noch ein paar Goldstücke müßte er zulegen. Der Geselle griff in die Tasche, aber sein Gold war eben zu Ende. »Wartet einen Augenblick, Herr Wirt«, sprach er, »ich will nur gehen und Gold holen«, nahm aber das Tischtuch mit. Der Wirt wußte nicht, was das heißen sollte, war neugierig, schlich ihm nach, und da der Gast die Stalltür zuriegelte, so guckte er durch ein Astloch. Der Fremde breitete unter dem Esel das Tuch aus, rief »Bricklebrit«, und augenblicklich fing das Tier an, Gold zu speien von hinten und vorn, daß es ordentlich auf die Erde herabregnete. »Ei der Tausend«, sagte der Wirt, »da sind die Dukaten bald geprägt! So ein Geldbeutel ist nicht übel!« Der Gast bezahlte seine Zeche und legte sich schlafen, der Wirt aber schlich in der Nacht herab in den Stall, führte den Münzmeister weg und band einen andern Esel an seine Stelle. Den folgenden Morgen in der Frühe zog der Geselle mit seinem Esel ab und meinte, er hätte seinen Goldesel. Mittags kam er bei seinem Vater an, der sich freute, als er ihn wiedersah, und ihn gerne aufnahm. »Was ist aus dir geworden, mein Sohn?« fragte der Alte. »Ein Müller, lieber Vater«, antwortete er. »Was hast du von deiner Wanderschaft mitgebracht?« — »Weiter nichts als einen Esel.« — »Esel gibt's hier genug«, sagte der Vater, »da wäre mir doch eine gute Ziege lieber gewesen.« — »Ja«, antwortete der Sohn, »aber es ist kein gemeiner Esel, sondern ein Goldesel: Wenn ich sage ›Bricklebrit‹, so speit Euch das gute Tier ein ganzes Tuch voll Goldstücke. Laßt nur alle Verwandte herbeirufen, ich mache sie alle zu reichen Leuten.« — »Das lass' ich mir gefallen«, sagte der Schneider, »dann brauch' ich mich mit der Nadel nicht weiter zu quälen«, sprang selbst fort und rief die Verwandten herbei. Sobald sie beisammen waren, hieß sie der Müller Platz machen, breitete sein Tuch aus und brachte den Esel in die Stube. »Jetzt gebt acht«, sagte er und rief »Bricklebrit«, aber es waren keine Goldstücke, was herabfiel, und es zeigte sich, daß das Tier nichts von der Kunst verstand, denn es bringt's nicht jeder Esel so weit. Da machte der arme Müller ein langes Gesicht, sah, daß er betrogen war, und bat die Verwandten um Verzeihung, die so arm heimgingen, als sie gekommen waren. Es blieb nichts übrig, der Alte mußte wieder nach der Nadel greifen und der Junge sich als Müller verdingen.

Der dritte Bruder war zu einem Drechsler in die Lehre gegangen, und weil es ein kunstreiches Handwerk ist, mußte er am längsten lernen. Seine Brüder aber meldeten ihm in einem Briefe, wie schlimm es ihnen ergangen wäre und wie sie der Wirt noch am letzten Abende um ihre schönen Wünschdinge gebracht hätte. Als der Drechsler nun ausgelernt hatte und wandern sollte, so schenkte ihm sein Meister, weil er sich so wohl gehalten, einen Sack und sagte: »Es liegt ein Knüppel darin.« — »Den Sack kann ich umhängen, und er kann mir gute Dienste leisten, aber was soll der Knüppel darin? Der macht ihn nur schwer.« — »Das will ich dir sagen«, antwortete der Meister. »Hat dir jemand etwas zuleid getan, so sprich nur ›Knüppel, aus dem Sack‹, so springt dir der Knüppel heraus, unter die Leute und tanzt ihnen so lustig auf dem Rücken herum, daß sie sich acht Tage lang nicht regen und bewegen können; und eher läßt er nicht ab, als bis du sagst ›Knüppel, in den Sack‹.« Der Gesell dankte ihm, hing den Sack um, und wenn ihm jemand zu nahe kam und auf den Leib wollte, so sprach er »Knüppel, aus dem Sack«, alsbald sprang der Knüppel heraus und klopfte einem nach dem andern den Rock oder Wams gleich auf dem Rücken aus und wartete nicht erst, bis er ihn ausgezogen hatte; und das ging so geschwind, daß, eh sich's einer versah, die Reihe schon an ihm war. Der junge Drechsler langte zur Abendzeit in dem Wirtshaus an, wo seine Brüder waren betrogen worden. Er legte seinen Ranzen vor sich auf den Tisch und fing an zu erzählen, was er alles Merkwürdige in der Welt gesehen habe. »Ja«, sagte er, »man findet wohl ein Tischchen deck dich, einen Goldesel und dergleichen: Lauter gute Dinge, die ich nicht verachte, aber das ist alles nichts gegen den Schatz, den ich mir erworben habe und mit mir da in meinem Sack führe.« Der Wirt spitzte die Ohren. »Was in aller Welt mag das sein?« dachte er, »der Sack ist wohl mit lauter Edelsteinen angefüllt; den sollte ich billig auch noch haben, denn aller guten Dinge sind drei.« Als Schlafenszeit war, streckte sich der Gast auf die Bank und legte seinen Sack als Kopfkissen unter. Der Wirt, als er meinte, der Gast läge in tiefem Schlaf, ging herbei, rückte und zog ganz sachte und vorsichtig an dem Sack, ob er ihn vielleicht wegziehen und einen andern unterlegen könnte. Der Drechsler aber hatte schon lange darauf gewartet. Wie nun der Wirt eben einen herzhaften Ruck tun wollte, rief er: »Knüppel, aus dem Sack.« Alsbald fuhr das Knüppelchen heraus, dem Wirt auf den Leib und rieb ihm die Nähte, daß es eine Art hatte. Der Wirt schrie zum Erbarmen, aber je lauter er schrie, desto kräftiger schlug der Knüppel ihm den Takt dazu auf dem Rücken, bis er endlich erschöpft zur Erde fiel. Da sprach der Drechsler: »Wo du das Tischchen deck dich und den Goldesel nicht wieder herausgibst, so soll der Tanz von neuem angehen.« — »Ach nein«, rief der Wirt ganz kleinlaut, »ich gebe alles gerne wieder heraus, laßt nur den verwünschten Kobold wieder in den Sack kriechen.« Da sprach der Geselle: »Ich will Gnade für Recht ergehen lassen, aber hüte dich vor Schaden!« Dann rief er: »Knüppel, in den Sack!« und ließ ihn ruhen.

Der Drechsler zog am andern Morgen mit dem Tischchen deck dich und dem Goldesel heim zu seinem Vater. Der Schneider freute sich, als er ihn wiedersah, und fragte auch ihn, was er in der Fremde gelernt hätte. »Lieber Vater«, antwortete er, »ich bin ein Drechsler geworden.« — »Ein kunstreiches Handwerk«, sagte der Vater, »was hast du von der Wanderschaft mitgebracht?« — »Ein kostbares Stück, lieber Vater«, antwortete der Sohn, »einen Knüppel in dem Sack.« — »Was!« rief der Vater, »einen Knüppel! Das ist der Mühe wert! Den kannst du dir von jedem Baume abhauen.« — »Aber einen solchen nicht, lieber Vater: Sage ich ›Knüppel, aus dem Sack‹, so springt der Knüppel heraus und macht mit dem, der es nicht gut mit mir meint, einen schlimmen Tanz und läßt nicht eher nach, als bis er auf der Erde liegt und um gut Wetter bittet. Seht Ihr, mit diesem Knüppel habe ich das Tischchen deck dich und den Goldesel wieder herbeigeschafft, die der diebische Wirt meinen Brüdern abgenommen hatte. Jetzt laßt sie beide rufen und ladet alle Verwandten ein, ich will sie speisen und tränken und will ihnen die Taschen noch mit Gold füllen.« Der alte Schneider wollte nicht recht trauen, brachte aber doch die Verwandten zusammen. Da deckte der Drechsler ein Tuch in die Stube, führte den Goldesel herein und sagte zu seinem Bruder: »Nun, lieber Bruder, sprich mit ihm.« Der Müller sagte: »Bricklebrit«, und augenblicklich sprangen die Goldstücke auf das Tuch herab, als käme ein Platzregen, und der Esel hörte nicht eher auf, als bis alle so viel hatten, daß sie nicht mehr tragen konnten. (Ich sehe dir's an, du wärst auch gerne dabeigewesen.) Dann holte der Drechsler das Tischchen und sagte: »Lieber Bruder, nun sprich mit ihm.« Und kaum hatte der Schreiner »Tischchen, deck dich« gesagt, so war es gedeckt und mit den schönsten Schüsseln reichlich besetzt. Da ward eine Mahlzeit gehalten, wie der gute Schneider noch keine in seinem Hause erlebt hatte, und die ganze Verwandtschaft blieb zusammen bis in die Nacht, und es waren alle lustig und vergnügt. Der Schneider verschloß Nadel und Zwirn, Elle und Bügeleisen in einem Schrank und lebte mit seinen drei Söhnen in Freude und Herrlichkeit.

Wo ist aber die Ziege hingekommen, die schuld war, daß der Schneider seine drei Söhne fortjagte? Das will ich dir sagen. Sie schämte sich, daß sie einen kahlen Kopf hatte, lief in eine Fuchshöhle und verkroch sich hinein. Als der Fuchs nach Haus kam, funkelten ihm ein paar große Augen aus der Dunkelheit entgegen, daß er erschrak und wieder zurücklief. Der Bär begegnete ihm, und da der Fuchs ganz verstört aussah, so sprach er: »Was ist dir, Bruder Fuchs, was machst du für ein Gesicht?« — »Ach«, antwortete der Rote, »ein grimmig Tier sitzt in meiner Höhle und hat mich mit feurigen Augen angeglotzt.« — »Das wollen wir bald austreiben«, sprach der Bär, ging mit zu der Höhle und schaute hinein; als er aber die feurigen Augen erblickte, wandelte ihn ebenfalls Furcht an: er wollte mit dem grimmigen Tiere nichts zu tun haben und nahm Reißaus. Die Biene begegnete ihm, und da sie merkte, daß es ihm in seiner Haut nicht wohl zumute war, sprach sie: »Bär, du machst ja ein gewaltig verdrießlich Gesicht, wo ist deine Lustigkeit geblieben?« — »Du hast gut reden«, antwortete der Bär, »es sitzt ein grimmiges Tier mit Glotzaugen in dem Hause des Roten, und wir können es nicht herausjagen.« Die Biene sprach: »Du dauerst mich, Bär, ich bin ein armes schwaches Geschöpf, das ihr im Wege nicht anguckt, aber ich glaube doch, daß ich euch helfen kann.« Sie flog in die Fuchshöhle, setzte sich der Ziege auf den glatten geschorenen Kopf und stach sie so gewaltig, daß sie aufsprang, »meh! meh!« schrie und wie toll in die Welt hineinlief; und es weiß niemand auf diese Stunde, wo sie hingelaufen ist.

Tischchen deck dich, Goldesel und Knüppel aus dem Sack, eine volkschinesische Deutung und ihre orthodox-marxistische Kritik

Der chinesische Literaturforscher Ping Peng-Pong hat das bekannte Grimmsche Märchen »Tischchen deck dich usw.« einer sinomarxistischen Deutung unterworfen, an der vom Standpunkt des orthodoxen Marxismus allerdings energisch Kritik geübt werden muß. Den Lesern soll die Kenntnis von dieser Polemik, an der sich auch mehrere sowjetische Gelehrte beteiligt haben, nicht vorenthalten werden.
Nach Auffassung Ping Peng-Pongs handelt es sich bei diesem Märchen um eine allegorische Darstellung der drei Gesellschaftsformationen, die seit Auflösung der Sklavenhaltergesellschaft das Gesicht der europäischen wie der asiatischen Staaten bestimmt haben. »Tischchen deck dich« so lautet vereinfacht ausgedrückt die Losung der am Konsum der Herren orientierten Feudalgesellschaft. Die den Feudalherren dienende Bevölkerung soll so lautlos und rasch arbeiten, daß es aussieht, als geschehe alles von selbst. Kaum hat der Herr es befohlen, ist der Tisch bereits gedeckt und mit den köstlichsten Speisen und Getränken versehen. Die Arbeit der Diener muß so wirkungsvoll verrichtet werden, daß man sie gar nicht sieht.
»Goldesel streck dich« — nämlich um goldene Dukaten zu produzieren — so lautet die Losung des Kapitalismus. Das Volk erscheint hier nicht unzutreffend in der Gestalt des ewig duldenden, genügsamen Lastesels, dem man beliebig große Gewichte aufladen kann. Außer einem völlig wirkungslosen Schrei, der obendrein in der schlichten Affirmation »Ja-ja« besteht, verfügt das so symbolisierte Volk über keinerlei Ausdrucks- oder Widerstandsmittel. Der Esel ist das Ideal der sich geduldig ausbeuten lassenden Arbeiterklasse, wie es der Bourgeoisie vorschwebt, genau wie der unsichtbare und lautlos tätige Diener das Ideal des an Konsum und am Luxus orientierten Feudalherren war.
Der »Knüppel aus dem Sack« aber bedarf fürs populäre

Verständnis keiner scharfsinnigen Interpretation. Er symbolisiert den revolutionären Volkskrieg der armen Bauern und antizipiert in leicht antiquierter Form bereits die bekannte Maxime Mao Tse-tungs »alle Macht kommt aus den Gewehrläufen«. Professor Prawilnowitsch von der Universität Ostsibiriens hat unlängst die völlige Unhaltbarkeit dieser rotchinesischen Deutung bewiesen und sie als eine ganz und gar unrichtige Anwendung des Marxismus auf die Märchen-Verwirrung kritisiert. Nach seiner — auf den Vorarbeiten von Marx, Engels, Lenin und so weiter beruhenden — Deutung handelt es sich bei diesem Märchen nicht um eine Allegorie der zwei Gesellschaftsformationen und der proletarischen Revolution, sondern um eine sehr exakte Beschreibung der drei Aspekte der bürgerlichen Revolution, wie sie klassisch an der großen Französischen Revolution abgelesen werden können:
»Tischchen deck dich« — dieses Phänomen verweist auf die Möglichkeit der Ablösung direkter menschlicher Dienstleistungen durch die moderne Produktionstechnik. In der frühbürgerlichen Zeit wurde von den meisten Autoren der aufsteigenden Bourgeoisie der befreiende Charakter der Technik hervorgehoben. Die Technik, so glaubte man damals, werde die Gleichheit der Menschen zur Folge haben, die Unterscheidung von Herr und Knecht hinfällig werden lassen. Auch wenn sich diese Erwartung inzwischen für die bürgerliche Epoche als illusorisch erwiesen hat, spielte doch die Technikbegeisterung und der Glaube an die befreienden Folgen der wachsenden Naturbeherrschung durch den Menschen eine große und progressive Rolle in der bürgerlichen Revolution. »Goldesel streck dich« — damit ist in der Tat der kapitalistische Aspekt der neuen Gesellschaftsordnung gemeint. Der Gold als Exkrement produzierende Esel steht hier für das »sich selbst vermehrende Kapital« oder den »sich selbst vermehrenden Wert«, dem gleichsam organische Wachstumsfähigkeiten angedichtet werden. Das Wesen des hier symbolisch geschilderten Vorgangs besteht ja nicht darin, daß der Esel Gold, das sich zuvor in seinem Leib befindet, ausscheidet, sondern daß er ständig *mehr* Gold produziert, als zuvor in ihm vorhanden war. Damit aber ist in geradezu genialer Sym-

bolisierung das Wesen des Kapitals (man erinnere sich an die Marxsche Formel G-G') ausgedrückt. Die Annahme meines chinesischen Kollegen, es handele sich hier um eine Allegorie des leidenden werktätigen Volkes, geht schon deshalb an der historischen Realität vorbei, weil in der Frühphase der bürgerlichen Gesellschaft selbst progressiven Denkern wie Saint-Simon die Existenz des Proletariats als solchem noch gar nicht zu Bewußtsein gekommen war, sondern mit den Unternehmern in einer Gruppe, den »Industriellen«, zusammengefaßt wurde. Ganz abgesehen davon, daß es vollends unzuverlässig erscheinen muß, wenn dem Märchen-Verfasser hier eine Ahnung des Mehrwertgesetzes unterstellt wird (der erhebliche Mehrwert würde aus der Differenz zwischen dem Wert der vom Esel verzehrten Nahrung und Stallung auf der einen Seite und dem von ihm ausgeschiedenen Gold auf der anderen bestehen). Da Karl Marx den Mehrwert präzise nach 1848 entwickelt hat, konnte ein bereits 1819 publiziertes Märchen keinen verschlüsselten Hinweis auf ihn, sondern nur eine krude organizistische Veranschaulichung des Tatbestandes (G-G') enthalten.

Was aber endlich den »Knüppel aus dem Sack« anlangt, so ist aus der Funktion dieses Knüppels im Märchen (er dient dazu, den diebischen Wirt zur Herausgabe des Tischlein-deck-dich und des Goldesels an den Müllerssohn zu veranlassen) deutlich, daß es sich um nichts anderes als die notwendige plebejische Komponente der bürgerlichen Revolution handelt, ohne welche diese ja in der Tat nicht zu einem erfolgreichen Abschluß gekommen wäre. Erst der Druck der Pariser Volksmassen einschließlich der kräftigen Marktweiber führte zur Aufhebung der Feudalordnung, nur unter dem Druck der Pariser Jakobiner wurde die Republik eingeführt. Alles in allem kann das Märchen »Tischchen deck dich...« als eine höchst gelungene Abbreviation von drei Aspekten der bürgerlich-kapitalistischen Revolution angesehen werden: des technologischen (Tischchen), des ökonomischen (Goldesel) und des politischen (Knüppel aus dem Sack). Den dialektischen Zusammenhang dieser Komponenten hat das Märchen höchst eindrucksvoll angedeutet, indem es dem Knüppel die letztlich befreiende

Wirkung zuschrieb. Der diebische Wirt kann als Repräsentant des Ancien Régime angesehen werden, was auch insofern glaubhaft erscheint, als sich ja Angehörige der Dienstleistungsberufe meist den älteren herrschenden Klassen verbunden fühlen (Grund: hohe Trinkgelder des Adels, Konsumorientiertheit der alten Gesellschaft usw.). Die Interpretation durch Ping Peng-Pong kann nur als weiteres beklagenswertes Symptom des Verfalls der marxistisch-leninistischen Methode im zeitgenössischen China angesehen werden[1].

---

[1] Mein Kollege *Karl Deutsch* (Harvard) machte mich darauf aufmerksam, daß das Märchen »Tischchen deck dich« weit plausibler auch mit Kategorien der Psychoanalyse zu deuten sei. Die drei Symbole würden dann die »orale«, die »anale« und die »genitale« Phase der individuellen Libidoentwicklung charakterisieren. Dennoch scheint mir im ganzen die von Karl Deutsch vorgeschlagene Deutung in die Irre zu führen. Sie mußte wohl deshalb in den USA entstehen, weil in dieser spätkapitalistischen Gesellschaft historisch-gesellschaftliches Denken nur unzulänglich sich entfalten kann und soziale Probleme fast stets auf individualpsychische zurückgeführt werden.

4. Das tapfere Schneiderlein

An einem Sommermorgen saß ein Schneiderlein auf seinem Tisch am Fenster, war guter Dinge und nähte aus Leibeskräften. Da kam eine Bauersfrau die Straße herab und rief: »Gut Mus feil! Gut Mus feil!« Das klang dem Schneiderlein lieblich in die Ohren, er steckte sein zartes Haupt zum Fenster hinaus und rief: »Hier herauf, liebe Frau, hier wird sie ihre Ware los.« Die Frau stieg die drei Treppen mit ihrem schweren Korbe zu dem Schneider herauf und mußte die Töpfe sämtlich vor ihm auspacken. Er besah sie alle, hob sie in die Höhe, hielt die Nase dran und sagte endlich: »Das Mus scheint mir gut, wieg sie mir doch vier Lot ab, liebe Frau, wenn's auch ein Viertelpfund ist, kommt es mir nicht darauf an.« Die Frau, welche gehofft hatte, einen guten Absatz zu finden, gab ihm, was er verlangte, ging aber ganz ärgerlich und brummig fort. »Nun, das Mus soll mir Gott gesegnen«, rief das Schneiderlein, »und soll mir Kraft und Stärke geben«, holte das Brot aus dem Schrank, schnitt sich ein Stück über den ganzen Laib und strich das Mus darüber. »Das wird nicht bitter schmecken«, sprach er, »aber erst will ich den Wams fertigmachen, eh' ich ihn anbeiße.« Er legte das Brot neben sich, nähte weiter und machte vor Freude immer größere Stiche. Indes stieg der Geruch von dem süßen Mus hinauf an die Wand, wo die Fliegen in großer Menge saßen, so daß sie herangelockt wurden und sich scharenweis darauf niederließen. »Ei, wer hat euch eingeladen?« sprach das Schneiderlein und jagte die ungebetenen Gäste fort. Die Fliegen aber, die kein Deutsch verstanden, ließen sich nicht abweisen, sondern kamen in immer größerer Gesellschaft wieder. Da lief dem Schneiderlein endlich, wie man sagt, die Laus über die Leber, es langte aus seiner Hölle nach einem Tuchlappen, und mit einem »Wart, ich will es euch geben!« schlug es unbarmherzig drauf. Als es abzog und zählte, so lagen nicht weniger als sieben vor ihm tot und streckten die Beine. »Bist du so ein Kerl?« sprach er und mußte selbst seine Tapferkeit bewundern. »Das soll die ganze Stadt erfahren.« Und in der Hast schnitt sich das Schneiderlein einen Gürtel, nähte ihn und stickte mit großen Buchstaben dar-

auf: »Siebene auf einen Streich!« — »Ei was, Stadt!« sprach er weiter. »Die ganze Welt soll's erfahren!« und sein Herz wakkelte ihm vor Freude wie ein Lämmerschwänzchen.
Der Schneider band sich den Gürtel um den Leib und wollte in die Welt hinaus, weil er meinte, die Werkstätte sei zu klein für seine Tapferkeit. Ehe er abzog, suchte er im Haus herum, ob nichts da wäre, was er mitnehmen könnte, er fand aber nichts als einen alten Käse, den steckte er ein. Vor dem Tore bemerkte er einen Vogel, der sich im Gesträuch gefangen hatte, der mußte zu dem Käse in die Tasche. Nun nahm er den Weg tapfer zwischen die Beine, und weil er leicht und behend war, fühlte er keine Müdigkeit. Der Weg führte ihn auf einen Berg, und als er den höchsten Gipfel erreicht hatte, so saß da ein gewaltiger Riese und schaute sich ganz gemächlich um. Das Schneiderlein ging beherzt auf ihn zu, redete ihn an und sprach: »Guten Tag, Kamerad, gelt, du sitzest da und besiehst dir die weitläufige Welt? Ich bin eben auf dem Wege dahin und will mich versuchen. Hast du Lust, mitzugehen?« Der Riese sah den Schneider verächtlich an und sprach: »Du Lump! Du miserabler Kerl!« — »Das wäre!« antwortete das Schneiderlein, knöpfte den Rock auf und zeigte dem Riesen den Gürtel. »Da kannst du lesen, was ich für ein Mann bin.« Der Riese las »Siebene auf einen Streich«, meinte, das wären Menschen gewesen, die der Schneider erschlagen hätte, und kriegte ein wenig Respekt vor dem kleinen Kerl. Doch wollte er ihn erst prüfen, nahm einen Stein in die Hand und drückte ihn zusammen, daß das Wasser heraustropfte. »Das mach mir nach«, sprach der Riese, »wenn du Stärke hast.« — »Ist's weiter nichts?« sagte das Schneiderlein, »das ist bei unsereinem Spielwerk«, griff in die Tasche, holte den weichen Käse und drückte ihn, daß der Saft herauslief. »Gelt«, sprach er, »das war ein wenig besser?« Der Riese wußte nicht, was er sagen sollte, und konnte es von dem Männlein nicht glauben. Da hob der Riese einen Stein auf und warf ihn so hoch, daß man ihn mit Augen kaum noch sehen konnte: »Nun, du Erpelmännchen, das tu mir nach.« — »Gut geworfen«, sagte der Schneider, »aber der Stein hat doch wieder zur Erde herabfallen müssen, ich will dir einen werfen, der soll gar nicht wiederkommen«, er griff in die Tasche, nahm den Vogel und warf ihn in die Luft. Der Vogel, froh über seine Freiheit, stieg auf, flog fort und kam nicht wieder. »Wie gefällt dir das Stückchen, Kamerad?« fragte der Schneider. »Werfen kannst

du wohl«, sagte der Riese, »aber nun wollen wir sehen, ob du imstande bist, etwas Ordentliches zu tragen.« Er führte das Schneiderlein zu einem mächtigen Eichbaum, der da gefällt auf dem Boden lag, und sagte: »Wenn du stark genug bist, so hilf mir den Baum aus dem Walde heraustragen.« — »Gerne«, antwortete der kleine Mann, »nimm du nur den Stamm auf deine Schulter, ich will die Äste mit dem Gezweig aufheben und tragen, das ist doch das Schwerste.« Der Riese nahm den Stamm auf die Schulter, der Schneider aber setzte sich auf einen Ast, und der Riese, der sich nicht umsehen konnte, mußte den ganzen Baum und das Schneiderlein noch obendrein forttragen. Es war da hinten ganz lustig und guter Dinge, pfiff das Liedchen »Es ritten drei Schneider zum Tore hinaus«, als wär das Baumtragen ein Kinderspiel. Der Riese, nachdem er ein Stück Wegs die schwere Last fortgeschleppt hatte, konnte nicht weiter und rief: »Hör, ich muß den Baum fallen lassen.« Der Schneider sprang behendiglich herab, faßte den Baum mit beiden Armen, als wenn er ihn getragen hätte, und sprach zum Riesen: »Du bist ein so großer Kerl und kannst den Baum nicht einmal tragen.«

Sie gingen zusammen weiter, und als sie an einem Kirschbaum vorbeigingen, faßte der Riese die Krone des Baums, wo die zeitigsten Früchte hingen, bog sie herab, gab sie dem Schneider in die Hand und hieß ihn essen. Das Schneiderlein aber war viel zu schwach, um den Baum zu halten, und als der Riese losließ, fuhr der Baum in die Höhe, und der Schneider ward mit in die Luft geschnellt. Als er wieder ohne Schaden herabgefallen war, sprach der Riese: »Was ist das, hast du nicht Kraft, die schwache Gerte zu halten?« — »An der Kraft fehlt es nicht«, antwortete das Schneiderlein, »meinst du, das wäre etwas für einen, der siebene mit einem Streich getroffen hat? Ich bin über den Baum gesprungen, weil die Jäger da unten in das Gebüsch schießen. Spring nach, wenn du's vermagst.« Der Riese machte den Versuch, konnte aber nicht über den Baum kommen, sondern blieb in den Ästen hängen, also daß das Schneiderlein auch hier die Oberhand behielt.

Der Riese sprach: »Wenn du ein so tapferer Kerl bist, so komm mit in unsere Höhle und übernachte bei uns.« Das Schneiderlein war bereit und folgte ihm. Als sie in der Höhle anlangten, saßen da noch andere Riesen beim Feuer, und jeder hatte ein gebratenes Schaf in der Hand und aß davon. Das Schneiderlein sah sich um und dachte: »Es ist doch hier viel weitläufiger als in meiner Werkstatt.« Der Riese wies ihm ein Bett an und sagte, er sollte sich hineinlegen und ausschlafen. Dem Schneiderlein war aber das Bett zu groß, er legte sich nicht hinein, sondern kroch in eine Ecke. Als es Mitternacht war und der Riese meinte, das Schneiderlein läge in tiefem Schlafe, so stand er auf, nahm eine große Eisenstange und schlug das Bett mit einem Schlag durch und meinte, er hätte dem Grashüpfer den Garaus gemacht. Mit dem frühesten Morgen gingen die Riesen in den Wald und hatten das Schneiderlein ganz vergessen, da kam es auf einmal ganz lustig und verwegen dahergeschritten. Die Riesen erschraken, fürchteten, es schlüge sie alle tot, und liefen in einer Hast fort.

Das Schneiderlein zog weiter, immer seiner spitzen Nase nach. Nachdem es lange gewandert war, kam es in den Hof eines königlichen Palastes, und da es Müdigkeit empfand, so legte es sich ins Gras und schlief ein. Während es da lag, kamen die Leute, betrachteten es von allen Seiten und lasen auf dem Gürtel »Siebene auf einen Streich«. — »Ach«, sprachen sie, »was will der große Kriegsheld hier mitten im Frieden? Das muß ein mächtiger Herr sein.« Sie gingen und meldeten es dem König und meinten, wenn Krieg ausbrechen sollte, wäre das ein wichtiger und nützlicher Mann, den man um keinen Preis fortlassen dürfte. Dem König gefiel der Rat, und er schickte einen von seinen Hofleuten an das Schneiderlein ab, der sollte ihm, wenn es aufgewacht wäre, Kriegsdienste anbieten. Der Abgesandte blieb bei dem Schläfer stehen, wartete, bis er seine Glieder streckte und die Augen aufschlug, und brachte dann seinen Antrag vor. »Eben deshalb bin ich hierhergekommen«, antwortete er, »ich bin bereit, in des Königs Dienste zu treten.« Also ward er ehrenvoll empfangen und ihm eine besondere Wohnung angewiesen.

Die Kriegesleute aber waren dem Schneiderlein aufsässig und wünschten, es wäre tausend Meilen weit weg. »Was soll daraus werden?« sprachen sie untereinander. »Wenn wir Zank mit ihm kriegen, und er haut zu, so fallen auf jeden Streich siebene. Da kann unsereiner nicht bestehen.« Also faßten sie einen Entschluß, begaben sich allesamt zum König und baten um ihren Abschied. »Wir sind nicht gemacht«, sprachen sie, »neben einem Mann auszuhalten, der siebene auf einen Streich schlägt.« Der König war traurig, daß er um des einen willen alle seine treuen Diener verlieren sollte, wünschte, daß seine

Augen ihn nie gesehen hätten, und wäre ihn gerne wieder los gewesen. Aber er getraute sich nicht, ihm den Abschied zu geben, weil er fürchtete, er möchte ihn samt seinem Volke totschlagen und sich auf den königlichen Thron setzen. Er sann lange hin und her, endlich fand er einen Rat. Er schickte zu dem Schneiderlein und ließ ihm sagen, weil er ein so großer Kriegsheld wäre, so wollte er ihm ein Anerbieten machen. In einem Walde seines Landes hausten zwei Riesen, die mit Rauben, Morden, Sengen und Brennen großen Schaden stifteten, niemand dürfte sich ihnen nahen, ohne sich in Lebensgefahr zu setzen. Wenn er diese beiden Riesen überwände und tötete, so wollte er ihm seine einzige Tochter zur Gemahlin geben und das halbe Königreich zur Ehesteuer; auch sollten hundert Reiter mitziehen und ihm Beistand leisten. »Das wäre so etwas für einen Mann, wie du bist«, dachte das Schneiderlein, »eine schöne Königstochter und ein halbes Königreich wird einem nicht alle Tage angeboten.« — »O ja«, gab er zur Antwort, »die Riesen will ich schon bändigen und habe die hundert Reiter dabei nicht nötig: Wer siebene auf einen Streich trifft, braucht sich vor zweien nicht zu fürchten.«

Das Schneiderlein zog aus, und die hundert Reiter folgten ihm. Als er zu dem Rand des Waldes kam, sprach er zu seinen Begleitern: »Bleibt hier nur halten, ich will schon allein mit den Riesen fertig werden.« Dann sprang er in den Wald hinein und schaute sich rechts und links um. Über ein Weilchen erblickte er beide Riesen: Sie lagen unter einem Baume und schliefen und schnarchten dabei, daß sich die Äste auf und nieder bogen. Das Schneiderlein, nicht faul, las beide Taschen voll Steine und stieg damit auf den Baum. Als es in der Mitte war, rutschte es auf einen Ast, bis es gerade über die Schläfer zu sitzen kam, und ließ dem einen Riesen einen Stein nach dem andern auf die Brust fallen. Der Riese spürte lange nichts, doch endlich wachte er auf, stieß seinen Gesellen an und sprach: »Was schlägst du mich?« — »Du träumst«, sagte der andere, »ich schlage dich nicht.« Sie legten sich wieder zum Schlaf, da warf der Schneider auf den zweiten einen Stein herab. »Was soll das?« rief der andere, »warum wirfst du mich?« — »Ich werfe dich nicht«, antwortete der erste und brummte. Sie zankten sich eine Weile herum, doch weil sie müde waren, ließen sie's gut sein, und die Augen fielen ihnen wieder zu. Das Schneiderlein fing sein Spiel von neuem an, suchte den dicksten Stein aus und warf ihn dem ersten Riesen mit aller Gewalt auf die Brust. »Das ist zu arg!« schrie er, sprang wie ein Unsinniger auf und stieß seinen Gesellen wider den Baum, daß dieser zitterte. Der andere zahlte mit gleicher Münze, und sie gerieten in solche Wut, daß sie Bäume ausrissen, aufeinander losschlugen, so lang, bis sie endlich beide zugleich tot auf die Erde fielen. Nun sprang das Schneiderlein herab. »Ein Glück nur«, sprach es, »daß sie den Baum, auf dem ich saß, nicht ausgerissen haben, sonst hätte ich wie ein Eichhörnchen auf einen andern springen müssen: doch unsereiner ist flüchtig!« Es zog sein Schwert und versetzte jedem ein paar tüchtige Hiebe in die Brust, dann ging es hinaus zu den Reitern und sprach: »Die Arbeit ist getan, ich habe beiden den Garaus gemacht; aber hart ist es hergegangen, sie haben in der Not Bäume ausgerissen und sich gewehrt, doch das hilft alles nichts, wenn einer kommt wie ich, der siebene auf einen Streich schlägt.« — »Seid Ihr denn nicht verwundet?« fragten die Reiter. »Das hat gute Wege«, antwortete der Schneider, »kein Haar haben sie mir gekrümmt.« Die Reiter wollten ihm keinen Glauben beimessen und ritten in den Wald hinein: Da fanden sie die Riesen in ihrem Blute schwimmend, und ringsherum lagen die ausgerissenen Bäume.

Das Schneiderlein verlangte von dem König die versprochene Belohnung, den aber reute sein Versprechen, und er sann aufs neue, wie er sich den Helden vom Halse schaffen könnte. »Ehe du meine Tochter und das halbe Reich erhältst«, sprach er zu ihm, »mußt du noch eine Heldentat vollbringen. In dem Walde läuft ein Einhorn, das großen Schaden anrichtet, das mußt du erst einfangen.« — »Vor einem Einhorne fürchte ich mich noch weniger als vor zwei Riesen; siebene auf einen Streich, das ist meine Sache.« Er nahm sich einen Strick und eine Axt mit, ging hinaus in den Wald und hieß abermals die, welche ihm zugeordnet waren, außen warten. Er brauchte nicht lange zu suchen, das Einhorn kam bald daher und sprang geradezu auf den Schneider los, als wollte es ihn ohne Umstände aufspießen. »Sachte, sachte«, sprach er, »so geschwind geht das nicht«, blieb stehen und wartete, bis das Tier ganz nahe war, dann sprang er behendiglich hinter den Baum. Das Einhorn rannte mit aller Kraft gegen den Baum und spießte sein Horn so fest in den Stamm, daß es nicht Kraft genug hatte, es wieder herauszuziehen, und so war es gefangen. »Jetzt hab' ich das Vöglein«, sagte der Schneider, kam hinter dem Baum hervor, legte dem Einhorn den Strick erst um den Hals, dann hieb er

mit der Axt das Horn aus dem Baum, und als alles in Ordnung war, führte er das Tier ab und brachte es dem König.
Der König wollte ihm den verheißenden Lohn noch nicht gewähren und machte eine dritte Forderung. Der Schneider sollte ihm vor der Hochzeit erst ein Wildschwein fangen, das in dem Wald großen Schaden tat; die Jäger sollten ihm Beistand leisten. »Gerne«, sprach der Schneider, »das ist ein Kinderspiel.« Die Jäger nahm er nicht mit in den Wald, und sie waren's wohl zufrieden, denn das Wildschwein hatte sie schon mehrmals so empfangen, daß sie keine Lust hatten, ihm nachzustellen. Als das Schwein den Schneider erblickte, lief es mit schäumendem Munde und wetzenden Zähnen auf ihn zu und wollte ihn zur Erde werfen: Der flüchtige Held aber sprang in eine Kapelle, die in der Nähe war, und gleich oben zum Fenster in einem Satze wieder hinaus. Das Schwein war hinter ihm hergelaufen, er aber hüpfte außen herum und schlug die Tür hinter ihm zu; da war das wütende Tier gefangen, das viel zu schwer und unbehilflich war, um zu dem Fenster hinauszuspringen. Das Schneiderlein rief die Jäger herbei, die mußten den Gefangenen mit eigenen Augen sehen: Der Held aber begab sich zum Könige, der nun, er mochte wollen oder nicht, sein Versprechen halten mußte und ihm seine Tochter und das halbe Königreich übergab. Hätte er gewußt, daß kein Kriegsheld, sondern ein Schneiderlein vor ihm stand, es wäre ihm noch mehr zu Herzen gegangen. Die Hochzeit ward also mit großer Pracht und kleiner Freude gehalten und aus einem Schneider ein König gemacht.
Nach einiger Zeit hörte die junge Königin in der Nacht, wie ihr Gemahl im Traume sprach: »Junge, mach mir den Wams und flick mir die Hosen, oder ich will dir die Elle über die Ohren schlagen.« Da merkte sie, in welcher Gasse der junge Herr geboren war, klagte am andern Morgen ihrem Vater ihr Leid und bat, er möchte ihr von dem Manne helfen, der nichts anderes als ein Schneider wäre. Der König sprach ihr Trost zu und sagte: »Laß in der nächsten Nacht deine Schlafkammer offen, meine Diener sollen außen stehen und, wenn er eingeschlafen ist, hineingehen, ihn binden und auf ein Schiff tragen, das ihn in die weite Welt führt.« Die Frau war damit zufrieden, des Königs Waffenträger aber, der alles mit angehört hatte, war dem jungen Herrn gewogen und hinterbrachte ihm den ganzen Anschlag. »Dem Ding will ich einen Riegel vorschieben«, sagte das Schneiderlein. Abends legte es sich zu ge-

wöhnlicher Zeit mit seiner Frau zu Bett: Als sie glaubte, er sei eingeschlafen, stand sie auf, öffnete die Tür und legte sich wieder. Das Schneiderlein, das sich nur stellte, als wenn es schlief, fing an mit heller Stimme zu rufen: »Junge, mach den Wams und flick mir die Hosen, oder ich will dir die Elle über die Ohren schlagen! Ich habe siebene mit einem Streiche getroffen, zwei Riesen getötet, ein Einhorn fortgeführt und ein Wildschwein gefangen und sollte mich vor denen fürchten, die draußen vor der Kammer stehen!« Als diese den Schneider so sprechen hörten, überkam sie eine große Furcht, sie liefen, als wenn das wilde Heer hinter ihnen wäre, und keiner wollte sich mehr an ihn wagen. Also war und blieb das Schneiderlein sein Lebtag König.

Das tapfere Schneiderlein oder
Die schönen Herrschaftsträume der Bourgeoisie

Witz, Ironie und List zeichnen den aufsteigenden Bürger gegenüber dem schwerfälligen, langsam denkenden, auf seine Ehre erpichten Feudalherrn aus. Der Kampf des aufsteigenden Bourgeois spiegelt sich in vielen bekannten Märchen wider, die uns die Brüder Grimm überliefert haben. Vielleicht am deutlichsten im »Tapferen Schneiderlein«, das schließlich die Königstochter heiraten darf und das halbe Königreich (vermutlich später das ganze) erhält. So hat sich das deutsche Bürgertum einst seine künftige Herrschaft erträumt. Ganz anders ist sie freilich dann 1918 gekommen. Ohne königliche Braut für den kleinbürgerlichen Sattler-Präsidenten und auch ohne die durchaus wünschenswerte Überlistung von republikanischer Seite. Schon eher waren es damals die reaktionären Monarchisten, die es listigerweise den bürgerlichen Republikanern überließen, den Konkurs zu verwalten, für den der kaiserliche Kriegsherr und seine Hintermänner verantwortlich waren. Das »Tapfere Schneiderlein« lesend, erfahren wir, wieviel schöner einst bürgerliche Hoffnung sich Zukunft ausmalte.

Eines Tages sitzt ein Schneider bei der Arbeit. Sieben fette Fliegen setzen sich auf sein Vesperbrot und mit einem einzigen Streich befördert er sie vom Leben zum Tode. An diesem geringfügigen Ereignis entzündet sich sein — durch jahrhundertelange feudale Knechtschaft unterdrücktes — Selbstbewußtsein. Er erkennt, was für ein Kerl er ist. Ein Töter, nämlich durchaus ebenbürtig dem kriegerischen Feudalherrn, der sich soviel auf seine Tapferkeit und seinen Waffenruhm zugute hält. Was tut's, daß die Getöteten nur Fliegen sind, haben nicht jene stolzen adligen Krieger oft genug auch nur schlechtbewaffnete, kaum gerüstete Bauernheere geschlagen, ohne deshalb zu erröten? Mit der ersten erfolgreichen Tötung fühlt sich der kleine Schneider als ebenbürtiger Mensch[1].

[1] Der Kenner denkt hier natürlich unwillkürlich an Hegels Dialektik von Herrschaft und Knechtschaft in der »Phänomenologie des Geistes« und an Frantz Fanons Ausführungen über die Rolle der Gewalt für die Emanzipation der Kolonisierten.

Er sucht sich sofort — nach dem Vorbild der Ritter und Freiherren — einen Wappenspruch aus und wählt »Sieben auf einen Streich«. Hat er dabei mit dem Auge gezwinkert, verschmitzt auf den stolzen Wahlspruch derer von X und Y geschaut? Es kann wohl sein. Mit der Devise »Sieben auf einen Streich« jedenfalls kann er sich sehen lassen in der noch immer feudalen und kriegerischen Welt. Also macht er sich auf den Weg und besteht bald zahlreiche Abenteuer.

Immer ist es die überlegene bürgerliche List, mit deren Hilfe das Schneiderlein seine Widersacher besiegt. Den plumpen und mächtigen Riesen (ein Symbol des unkultivierten, robusten Landadels) übertrumpft er beim Steine-Pressen, indem er einen alten Käse zerquetscht, und im Weitwurf dadurch, daß er einen lebendigen Vogel aus der Tasche zieht und zum Himmel emporwirft, in dem er für immer verschwindet. Ein neuer Abschnitt seines Lebens beginnt mit seiner Tätigkeit als Oberkommandierendem der Streitkräfte des Königs. Wie nicht anders zu erwarten, versuchen alsbald subalterne adlige Generale gegen den neuen, bürgerlichen Oberbefehlshaber zu intrigieren und erreichen es, daß diesem lebensgefährliche Aufträge erteilt werden. Zunächst soll er zwei Riesen unschädlich machen, die in einem Walde hausen. Statt sie — nach guter alter ritterlicher Art — offen herauszufordern und zu bekämpfen, bedient sich das Schneiderlein auch hier einer Kriegslist. Er klettert auf den Baum, unter dem die beiden Riesen schlafen und bewirft sie von dort abwechselnd mit Steinen, so daß die geistig ungelenken Burschen sich schließlich in die Haare kriegen und gegenseitig umbringen. Die Analogie zur auswärtigen Politik des bürgerlichen England liegt auf der Hand. Statt selbst zu kämpfen, zog es auch die britische Diplomatie immer wieder vor, kontinentale Mächte gegeneinander zu hetzen und der jeweils schwächeren dabei ein wenig unter die Arme zu greifen.

Auf den erfolgreichen Abschluß dieser Expedition hatte der König eigentlich als Preis die Hand seiner Tochter und das halbe Königreich gesetzt, aber noch zögerte er, sein Wort einzulösen, und verlangte zwei weitere Heldentaten. Der Schneider soll ein Einhorn und ein Wildschwein, die ihre Waldgebiete verwüstet haben, einfangen und vor den König führen. Was mit dem Einhorn gemeint sein kann, läßt sich unschwer erraten: es muß sich um einen vornehmen Nebenbuhler des Königs gehandelt haben, den besondere sexuelle Tüchtigkeit auszeichnete, da ja das Einhorn eindeutig ein Phallussymbol darstellt und entsprechende Potenz suggeriert. Wiederum sind es Gewandtheit und List, die den Schneider zum Siege führen, indem er den blinden kryptoerotischen Aggressionstrieb des Einhorns auf einen Baumstamm lenkt. Mit dem »Wildschwein«, das der Schneider erfolgreich bändigt, kann natürlich niemand anderes gemeint sein als das »niedere Volk«, die Masse der Tagelöhner, Landarbeiter, arbeitslosen Gesellen und Landstreicher, deren Wildheit auch vom Bürgertum damals bereits gefürchtet wurde. Unser tapferes Schneiderlein beweist hier deutlich seinen künftigen Beruf zum Herrscher. Es fängt nämlich — mit Hilfe einer als Falle dienenden Kapelle — das einfache Volk ein. Damit deutet das Märchen auf überzeugende Weise an, daß Kapellen oder christliche Sekten[1] die höchst nützliche Funktion einer Aufsaugung rebellischer Tendenzen der untersten Bevölkerungsschichten haben können und deshalb von einer umsichtigen und klugen bürgerlichen Regierung keineswegs behindert, sondern vielmehr gefördert werden sollten.

Nach so viel Ruhmestaten ist schließlich die Hochzeit und die Abtretung des halben Königreichs nicht mehr zu umgehen. Die bürgerliche Revolution wird — sozusagen auf Raten durch die Hochzeit der Königstochter mit dem einstigen Schneider — vollzogen. Aber noch ist ihr Sieg nicht gesichert. Reaktionäre Kreise, die sich der dümmlichen, abergläubischen und dünkelhaften Königstochter bedienen, hetzen zum Staatsstreich, der zweifellos die alten feudal-monarchistischen Verhältnisse wiederherstellen soll. Aber das Schneiderlein hat politische Freunde unter den bürgerlichen Waffenträgern des Königs[2], die

---

[1] Im Englischen geht bis zum heutigen Tage der Hochadel und das übrige Establishment zur Church (der High-Church), das gewöhnliche Volk aber zur Chapel, dem Gotteshaus der protestantischen Sekten.

[2] Auch wenn das Märchen keine näheren Angaben über die Waffengattungen macht, aus denen des Schneiders heimliche Verbündete kommen, so darf doch angenommen werden, daß in der bereits teiltechnisierten Armee des Königs wenigstens Artilleristen und Pioniere aus handwerklichen Kreisen

ihm den Plan hinterbringen. Es tut so, als schlafe es, spricht scheinbar schlafend von seinen Heldentaten und erwähnt dabei die Häscher, die vor der Kammer stehen, daraufhin nehmen diese voller Furcht und Schrecken Reißaus. »Also war und blieb das Schneiderlein sein Lebtag König.« Und da es jünger war als sein Schwiegervater und ihn überlebte, erbte es gewiß eines Tages auch die andere Landeshälfte und verwandelte das ganze Land in eine bürgerliche Republik, in der die Adelstitel abgeschafft und die Privilegien der beiden ersten Stände beseitigt wurden. Klugheit, Ausdauer, List und — die im Märchen (vermutlich infolge einer bewußten Grimmschen Verkürzung) nur am Rande gleichsam in einer Anmerkung erwähnte — Verbindung mit den bürgerlichen Massen haben das Schneiderlein zum Sieg über das feudale Königtum geführt. Der Königstochter mochte es nun passen oder nicht, sie mußte dem Emporkömmling zu Willen sein. Nicht die sentimentale Hochzeit des Prinzen mit einem Aschenputtel (wie sie noch immer von Hollywoods Filmen gefeiert wird), sondern die erzwungene »Mesalliance« der Königstochter mit dem Kleinbürger zeigt das Ende des feudalen Zeitalters, den Beginn der bürgerlichen Gleichheit an. Warum ist es aber in der realen Geschichte so ganz anders gekommen? Vielleicht weil es den deutschen Bürgern an List und Witz, Ausdauer und Mut gefehlt hat? Ich glaube, weil die Schneider und Schuster, Schreiber und Dichter, Färber und Wirker in Deutschland isoliert blieben und nur unter dem Zeichen nationalistischer Feindschaft zum Beispiel gegen die Franzosen sich zusammenfanden, nicht aber zum gemeinsamen Sturz der Feudalherren und Fürsten und zum Bau ihrer Republik. Als die revolutionäre Hoffnung schon fast begraben war, schuf sich das Volk im Märchen vom tapferen Schneiderlein einen beinahe ironisch klingenden — Trost. »Sieben auf einen Streich«, wenn es doch sieben mächtige Feudalherren oder Fürsten gewesen wären und nicht nur sieben fette Fliegen, so mochte damals mancher bei dieser Lektüre denken.

---

kommen und eine tragende Rolle spielten. Sie dürften entsprechend ihrer
bürgerlichen Herkunft für den Schneider-Prinzen agiert haben.

5. Aschenputtel

Einem reichen Manne, dem wurde seine Frau krank, und als sie fühlte, daß ihr Ende herankam, rief sie ihr einziges Töchterlein zu sich ans Bett und sprach: »Liebes Kind, bleibe fromm und gut, so wird dir der liebe Gott immer beistehen, und ich will vom Himmel auf dich herabblicken und will um dich sein.« Darauf tat sie die Augen zu und verschied. Das Mädchen ging jeden Tag hinaus zu dem Grabe der Mutter und weinte und blieb fromm und gut. Als der Winter kam, deckte der Schnee ein weißes Tüchlein auf das Grab, und als die Sonne im Frühjahr es wieder herabgezogen hatte, nahm sich der Mann eine andere Frau.
Die Frau hatte zwei Töchter mit ins Haus gebracht, die schön und weiß von Angesicht waren, aber garstig und schwarz von Herzen. Da ging eine schlimme Zeit für das arme Stiefkind an. »Soll die dumme Gans bei uns in der Stube sitzen!« sprachen sie, »wer Brot essen will, muß es verdienen: Hinaus mit der Küchenmagd.« Sie nahmen ihm seine schönen Kleider weg, zogen ihm einen grauen alten Kittel an und gaben ihm hölzerne Schuhe. »Seht einmal die stolze Prinzessin, wie sie geputzt ist!« riefen sie, lachten und führten es in die Küche. Da mußte es von morgens bis abends schwere Arbeit tun, früh vor Tag aufstehn, Wasser tragen, Feuer anmachen, kochen und waschen. Obendrein taten ihm die Schwestern alles ersinnliche Herzeleid an, verspotteten es und schütteten ihm die Erbsen und Linsen in die Asche, so daß es sitzen und sie wieder auslesen mußte. Abends, wenn es sich müde gearbeitet hatte, kam es in kein Bett, sondern mußte sich neben den Herd in die Asche legen. Und weil es darum immer staubig und schmutzig aussah, nannten sie es *Aschenputtel*.
Es trug sich zu, daß der Vater einmal in die Messe ziehen wollte, da fragte er die beiden Stieftöchter, was er ihnen mitbringen sollte. »Schöne Kleider«, sagte die eine, »Perlen und Edelsteine«, die zweite. »Aber du, Aschenputtel«, sprach er, »was willst du haben?« — »Vater, das erste Reis, das Euch auf Eurem Heimweg an den Hut stößt, das brecht für mich ab.« Er kaufte nun für die beiden Stiefschwestern schöne Kleider,

Perlen und Edelsteine, und auf dem Rückweg, als er durch einen grünen Busch ritt, streifte ihn ein Haselreis und stieß ihm den Hut ab. Da brach er das Reis ab und nahm es mit. Als er nach Haus kam, gab er den Stieftöchtern, was sie sich gewünscht hatten, und dem Aschenputtel gab er das Reis von dem Haselbusch. Aschenputtel dankte ihm, ging zu seiner Mutter Grab und pflanzte das Reis darauf und weinte so sehr, daß die Tränen darauf niederfielen und es begossen. Es wuchs aber und ward ein schöner Baum. Aschenputtel ging alle Tage dreimal darunter, weinte und betete, und allemal kam ein weißes Vögelchen auf den Baum, und wenn es einen Wunsch aussprach, so warf ihm das Vöglein herab, was es sich gewünscht hatte.

Es begab sich aber, daß der König ein Fest anstellte, das drei Tage dauern sollte, und wozu alle schönen Jungfrauen im Lande eingeladen wurden, damit sich sein Sohn eine Braut aussuchen möchte. Die zwei Stiefschwestern, als sie hörten, daß sie auch dabei erscheinen sollten, waren guter Dinge, riefen Aschenputtel und sprachen: »Kämm uns die Haare, bürste uns die Schuhe und mache uns die Schnallen fest, wir gehen zur Hochzeit auf des Königs Schloß.« Aschenputtel gehorchte, weinte aber, weil es auch gern zum Tanz mitgegangen wäre, und bat die Stiefmutter, sie möchte es ihm erlauben. »Du, Aschenputtel«, sprach sie, »bist voll Staub und Schmutz und willst zur Hochzeit? Du hast keine Kleider und Schuhe und willst tanzen!« Als es aber mit den Bitten anhielt, sprach sie endlich: »Da habe ich dir eine Schüssel Linsen in die Asche geschüttet, wenn du die Linsen in zwei Stunden wieder ausgelesen hast, so sollst du mitgehen.« Das Mädchen ging durch die Hintertür nach dem Garten und rief: »Ihr zahmen Täubchen, ihr Turteltäubchen, all ihr Vöglein unter dem Himmel, kommt und helft mir lesen,

> die guten ins Töpfchen,
> die schlechten ins Kröpfchen.«

Da kamen zum Küchenfenster zwei weiße Täubchen herein und danach die Turteltäubchen, und endlich schwirrten und schwärmten alle Vöglein unter dem Himmel herein und ließen sich um die Asche nieder. Und die Täubchen nickten mit den Köpfchen und fingen an pick, pick, pick, pick, und da fingen die übrigen auch an, pick, pick, pick, pick, und lasen alle guten

Körnlein in die Schüssel. Kaum war eine Stunde herum, so waren sie schon fertig und flogen alle wieder hinaus. Da brachte das Mädchen die Schüssel der Stiefmutter, freute sich und glaubte, es dürfte nun mit auf die Hochzeit gehen. Aber diese sprach: »Nein, Aschenputtel, du hast keine Kleider und kannst nicht tanzen: Du wirst nur ausgelacht.« Als es nun weinte, sprach sie: »Wenn du mir zwei Schüsseln voll Linsen in einer Stunde aus der Asche rein lesen kannst, so sollst du mitgehen«, und dachte: »Das kann es ja nimmermehr.« Als sie die zwei Schüsseln Linsen in die Asche geschüttet hatte, ging das Mädchen durch die Hintertür nach dem Garten und rief: »Ihr zahmen Täubchen, ihr Turteltäubchen, all ihr Vöglein unter dem Himmel, kommt und helft mir lesen,

> die guten ins Töpfchen,
> die schlechten ins Kröpfchen.«

Da kamen zum Küchenfenster zwei weiße Täubchen herein und danach die Turteltäubchen, und endlich schwirrten und schwärmten alle Vögel unter dem Himmel herein und ließen sich um die Asche nieder. Und die Täubchen nickten mit ihren Köpfchen und fingen an, pick, pick, pick, pick, und da fingen die übrigen auch an pick, pick, pick, pick und lasen alle guten Körner in die Schüsseln. Und ehe eine halbe Stunde herum war, waren sie schon fertig und flogen alle wieder hinaus. Da trug das Mädchen die Schüsseln zu der Stiefmutter, freute sich und glaubte, nun dürfte es mit auf die Hochzeit gehen. Aber diese sprach: »Es hilft dir alles nichts: Du kommst nicht mit, denn du hast keine Kleider und kannst nicht tanzen; wir müßten uns deiner schämen.« Darauf kehrte sie ihm den Rücken zu und eilte mit ihren zwei stolzen Töchtern fort.
Als nun niemand mehr daheim war, ging Aschenputtel zu seiner Mutter Grab unter den Haselbaum und rief:

> »Bäumchen, rüttel dich und schüttel dich,
> wirf Gold und Silber über mich.«

Da warf ihm der Vogel ein golden und silbern Kleid herunter und mit Seide und Silber ausgestickte Pantoffeln. In aller Eile zog es das Kleid an und ging zur Hochzeit. Seine Schwestern aber und die Stiefmutter kannten es nicht und meinten,

es müsse eine fremde Königstochter sein, so schön sah es in dem goldenen Kleide aus. An Aschenputtel dachten sie gar nicht und dachten, es säße daheim im Schmutz und suchte die Linsen aus der Asche. Der Königssohn kam ihm entgegen, nahm es bei der Hand und tanzte mit ihm. Er wollte auch sonst mit niemandem tanzen, also daß er ihm die Hand nicht losließ, und wenn ein anderer kam, es aufzufordern, sprach er: »Das ist meine Tänzerin.«
Es tanzte, bis es Abend war, da wollte es nach Haus gehen. Der Königssohn aber sprach: »Ich gehe mit und begleite dich«, denn er wollte sehen, wem das schöne Mädchen angehörte. Sie entwischte ihm aber und sprang in das Taubenhaus. Nun wartete der Königssohn, bis der Vater kam, und sagte ihm, das fremde Mädchen wär in das Taubenhaus gesprungen. Der Alte dachte: »Sollte es Aschenputtel sein?«, und sie mußten ihm Axt und Hacken bringen, damit er das Taubenhaus entzweischlagen konnte: Aber es war niemand darin. Und als sie ins Haus kamen, lag Aschenputtel in seinen schmutzigen Kleidern in der Asche, und ein trübes Öllämpchen brannte im Schornstein; denn Aschenputtel war geschwind aus dem Taubenhaus hinten herabgesprungen und war zu dem Haselbäumchen gelaufen: Da hatte es die schönen Kleider abgezogen und aufs Grab gelegt, und der Vogel hatte sie wieder weggenommen, und dann hatte es sich in seinem grauen Kittelchen in die Küche zur Asche gesetzt.
Am andern Tag, als das Fest von neuem anhub und die Eltern und Stiefschwestern wieder fort waren, ging Aschenputtel zu dem Haselbaum und sprach:

»Bäumchen, rüttel dich und schüttel dich,
wirf Gold und Silber über mich.«

Da warf der Vogel ein noch viel stolzeres Kleid herab als am vorigen Tag. Und als es mit diesem Kleide auf der Hochzeit erschien, erstaunte jedermann über seine Schönheit. Der Königssohn aber hatte gewartet, bis es kam, nahm es gleich bei der Hand und tanzte nur allein mit ihm. Wenn die andern kamen und es aufforderten, sprach er: »Das ist meine Tänzerin.« Als es nun Abend war, wollte es fort, und der Königssohn ging ihm nach und wollte sehen, in welches Haus es ging: Aber es sprang ihm fort und in den Garten hinter dem Haus. Darin stand ein schöner großer Baum, an dem die herrlichsten

Birnen hingen, es kletterte so behend wie ein Eichhörnchen zwischen die Äste, und der Königssohn wußte nicht, wo es hingekommen war. Er wartete aber, bis der Vater kam, und sprach zu ihm: »Das fremde Mädchen ist mir entwischt, und ich glaube, es ist auf den Birnbaum gesprungen.« Der Vater dachte: »Sollte es Aschenputtel sein?«, ließ sich die Axt holen und hieb den Baum um, aber es war niemand darauf. Und als sie in die Küche kamen, lag Aschenputtel da in der Asche, wie sonst auch, denn es war auf der andern Seite vom Baum herabgesprungen, hatte dem Vogel auf dem Haselbäumchen die schönen Kleider wiedergebracht und sein graues Kittelchen angezogen.

Am dritten Tag, als die Eltern und Schwestern fort waren, ging Aschenputtel wieder zu seiner Mutter Grab und sprach zu dem Bäumchen:

»Bäumchen, rüttel dich und schüttel dich,
wirf Gold und Silber über mich.«

Nun warf ihm der Vogel ein Kleid herab, das war so prächtig und glänzend, wie es noch keines gehabt hatte, und die Pantoffeln waren ganz golden. Als es in dem Kleid zu der Hochzeit kam, wußten sie alle nicht, was sie vor Verwunderung sagen sollten. Der Königssohn tanzte ganz allein mit ihm, und wenn es einer aufforderte, sprach er: »Das ist meine Tänzerin.«

Als es nun Abend war, wollte Aschenputtel fort, und der Königssohn wollte es begleiten, aber es entsprang ihm so geschwind, daß er nicht folgen konnte. Der Königssohn hatte aber eine List gebraucht und hatte die ganze Treppe mit Pech bestreichen lassen: Da war, als es hinabsprang, der linke Pantoffel des Mädchens hängengeblieben. Der Königssohn hob ihn auf, und er war klein und zierlich und ganz golden. Am nächsten Morgen ging er damit zu dem Mann und sagte zu ihm: »Keine andere soll meine Gemahlin werden als die, an deren Fuß dieser goldene Schuh paßt.« Da freuten sich die beiden Schwestern, denn sie hatten schöne Füße. Die älteste ging mit dem Schuh in die Kammer und wollte ihn anprobieren, und die Mutter stand dabei. Aber sie konnte mit der großen Zehe nicht hineinkommen, und der Schuh war ihr zu klein, da reichte ihr die Mutter ein Messer und sprach: »Hau die Zehe ab: Wenn du Königin bist, so brauchst du nicht mehr zu Fuß zu gehen.« Das Mädchen hieb die Zehe ab, zwängte den Fuß in den Schuh, verbiß den Schmerz und ging heraus zum Königssohn. Da nahm er sie als seine Braut aufs Pferd und ritt mit ihr fort. Sie mußten aber an dem Grabe vorbei, da saßen die zwei Täubchen auf dem Haselbäumchen und riefen:

>»Rucke di guck, rucke di guck,
Blut ist im Schuck (Schuh):
Der Schuck ist zu klein,
die rechte Braut sitzt noch daheim.«

Da blickte er auf ihren Fuß und sah, wie das Blut herausquoll. Er wendete sein Pferd um, brachte die falsche Braut wieder nach Hause und sagte, das wäre nicht die rechte, die andere Schwester solle den Schuh anziehen. Da ging diese in die Kammer und kam mit den Zehen glücklich in den Schuh, aber die Ferse war zu groß. Da reichte ihr die Mutter ein Messer und sprach: »Hau ein Stück von der Ferse ab: Wenn du Königin bist, brauchst du nicht mehr zu Fuß zu gehen.« Das Mädchen hieb ein Stück von der Ferse ab, zwängte den Fuß in den Schuh, verbiß den Schmerz und ging heraus zum Königssohn. Da nahm er sie als seine Braut aufs Pferd und ritt mit ihr fort. Als sie an dem Haselbäumchen vorbeikamen, saßen die zwei Täubchen darauf und riefen:

>»Rucke di guck, rucke di guck,
Blut ist im Schuck (Schuh):
Der Schuck ist zu klein,
die rechte Braut sitzt noch daheim.«

Er blickte nieder auf ihren Fuß und sah, wie das Blut aus dem Schuh quoll und an den weißen Strümpfen ganz rot heraufgestiegen war. Da wendete er sein Pferd und brachte die falsche Braut wieder nach Haus. »Das ist auch nicht die rechte«, sprach er, »habt ihr keine andere Tochter?« — »Nein«, sagte der Mann, »nur von meiner verstorbenen Frau ist noch ein kleines verbuttetes Aschenputtel da: das kann unmöglich die Braut sein.« Der Königssohn sprach, er sollte es heraufschicken, die Mutter aber antwortete: »Ach nein, das ist viel zu schmutzig, das darf sich nicht sehen lassen.« Er wollte es aber durchaus haben, und Aschenputtel mußte gerufen werden. Da wusch es sich erst Hände und Angesicht rein, ging dann hin und neigte sich vor dem Königssohn, der ihm den goldenen Schuh reichte. Dann setzte es sich auf einen Schemel, zog den Fuß aus dem schweren Holzschuh und steckte ihn in den Pantoffel, der war wie angegossen. Und als es sich in die Höhe richtete und der König ihm ins Gesicht sah, so erkannte er das schöne Mädchen, das mit ihm getanzt hatte, und rief: »Das ist die rechte Braut.« Die Stiefmutter und die beiden Schwestern erschraken und wurden bleich vor Ärger: Er aber nahm Aschenputtel aufs Pferd und ritt mit ihm fort. Als sie an dem Haselbäumchen vorbei kamen, riefen die zwei weißen Täubchen:

> »Rucke di guck, rucke di guck,
> kein Blut ist im Schuck:
> Der Schuck ist nicht zu klein,
> die rechte Braut, die führt er heim.«

Und als sie das gerufen hatten, kamen sie beide herabgeflogen und setzten sich dem Aschenputtel auf die Schultern, eine rechts, die andere links, und blieben da sitzen.
Als die Hochzeit mit dem Königssohn sollte gehalten werden, kamen die falschen Schwestern, wollten sich einschmeicheln und teil an Aschenputtels Glück nehmen. Als die Brautleute nun zur Kirche gingen, war die älteste zur rechten, die jüngste zur linken Seite: Da pickten die Tauben einer jeden das eine Auge aus. Hernach, als sie herausgingen, war die älteste zur Linken und die jüngste zur Rechten: Da pickten die Tauben einer jeden das andere Auge aus. Und so waren sie also für ihre Bosheit und Falschheit mit Blindheit auf ihr Lebtag bestraft.

Aschenputtels Erwachen

»Erzähle mir keine Märchen«, ruft der Volksmund dem Lügner zu. Märchenhaft ist das Unwahrscheinliche, ja das Unwahre, das dennoch gern geglaubt wird, weil es einem tiefen Bedürfnis in uns entgegenkommt. Meist dem Bedürfnis nach Glück, oft auch dem nach Gerechtigkeit oder auch nur nach Rache. Aschenputtel ist das Märchen par excellence. Seine Geschichte ist die unglaubhafteste, die sich denken läßt, und dennoch oder vielmehr gerade deshalb wird sie immer wieder erzählt. Hollywood hat sie in den zwanziger und dreißiger Jahren mannigfach filmisch variiert, und der Trivialroman lebt noch immer von ihrer Neuauflage. Wer mag sie wohl zuerst erzählt haben und aus welchem Grunde? Ein Priester? Ein kluger Politiker, der die Bewußtwerdung der aussichtslosen Lage der vielen Aschenputtel und ihre Solidarisierung verhindern wollte? Wer immer es war, das Motiv ist eindeutig, die Erzählung soll beruhigen: Warte nur ab, du armes und gedrücktes, ausgebeutetes und verachtetes Wesen, es wird kommen der Tag, da du in Gold und Silber einhergehen und über deine Quälgeister triumphieren wirst an der Hand eines schönen und mächtigen Prinzen. Es wird der gleiche Tag sein, an dem Betrug und Bosheit nichts mehr nützen und die ganze Natur mit dem guten Menschen gemeinsam ihre Auferstehung feiert. Der Traum ist schön, aber er hält von der Tat ab und läßt den Träumenden sich mit der schlechten Wirklichkeit abfinden. Man muß das Märchen aktivieren, wenn es emanzipatorisch wirken soll.

Es war einmal ein junges Mädchen, dessen Vater hatte nach dem Tod seiner Frau wieder geheiratet, und die neue Frau hatte die Stieftochter bald zur Dienstmagd im eigenen Hause gemacht. Bei unbegrenzter Arbeitszeit, in Schmutz und Asche mußte es sich abrackern, während seine stolzen Stiefschwestern auf Bälle gingen, Klavier spielten und flirteten. Als es sich eine Weile in dieser erniedrigenden und ausbeuterischen Lage befunden hatte, beschloß es, etwas zu unternehmen. Am Brunnen des Stadtviertels, in dem es wohnte, traf es jeden Morgen die Mägde aus den anderen Häusern und statt — wie üblich — mit ihnen Klatsch auszutauschen, begann es Material für einen Bericht über die Lage der Dienstmägde zu sammeln. Den Bericht las es dann auf einer geheimen Zusammenkunft aller Dienstboten des Stadtteils auf dem Kirchhof am Grabe seiner Mutter vor. Den Treffpunkt hatte es gewählt, weil der Gang zum Grab der Mutter Aschenputtel nicht gut verboten werden konnte und die Mägde auf dem großen Friedhof am ehesten ungestört waren.

Nachdem sie sich über den Lagebericht ausgesprochen hatten, diskutierten die Dienstmägde über eine gemeinsame Aktion. Da es schon auf den Winter zuging, beschlossen sie in der vorweihnachtlichen Zeit mit einer gemeinsamen Arbeitsniederlegung zu drohen, falls man ihnen nicht zwei zusätzliche Feiertage gewähren und eine Weihnachtsgratifikation von zehn Mark zahlen würde. Am Tag des Streiks (den man damals noch nicht so nannte, weil das Wort erst viel später aus England zu uns gekommen ist) ereignete sich in fast allen Bürgerhäusern der kleinen Stadt das folgende: Die Mägde legten ihre Arbeit nieder und nannten ihre Forderungen. Darauf schickte ihre Herrschaft einen Boten zu befreundeten Familien mit der Bitte, man möge doch zwei oder drei Tage ein oder zwei Mägde ausleihen, gerade jetzt vor der Weihnachtszeit habe man nämlich leider das eigene Personal wegen bodenloser Aufsässigkeit fristlos entlassen müssen. Überall aber kamen die Boten mit der gleichen Antwort zurück: es tut uns leid, aber unser Personal hat auch die Arbeit niedergelegt. So führte die Solidarität der vereinigten Aschenputtel zum ersten Erfolg. Der Herrschaft blieb nichts anderes übrig, als die gleichlautenden Forderungen des Hauspersonals zu akzeptieren.

Dieser Anfangserfolg führte der noch lockeren Organisation bald neue Mitglieder zu, und schon nach wenigen Wochen konnte sich Aschenputtel aus seiner häuslichen Arbeit ganz zurückziehen, um ein Büro der Hausmägde- und Diener-Gewerkschaft aufzumachen, das allen notleidenden Hausmägden und Dienern Hilfe leisten und durch

gut organisiertes gemeinsames Vorgehen ihre Lage bald merklich bessern konnte. Diese Erfolge sprachen sich herum. Aschenputtel kam in die Ortszeitung, schließlich sogar ins Tagblatt der Hauptstadt, und auf Jahrmärkten konnte man einfache Holzschnitte mit seinem Bild und einigen seiner Kernsprüche kaufen. »Einigkeit macht stark« hatte sie zum Beispiel gesagt oder »Alle Besen stehen still — wenn unser Arm nicht kehren will«.
Schließlich drang die Kunde von Aschenputtel und ihren Erfolgen auch zum königlichen Hof, und der Kronprinz, der ein weiches Herz hatte und — wie man damals sagte — Sinn fürs Volk, setzte sich in den Kopf, Aschenputtel kennenzulernen. Da ließ er seine Kutsche mit den sechs Schimmeln anspannen und fuhr zu ihr in die kleine Stadt. Natürlich rissen alle Einwohner Mund und Nase auf, als sie den Königssohn kommen sahen und hörten, er wolle niemanden anders als Aschenputtel, eine ganz gewöhnliche Dienstmagd, besuchen. Aschenputtels Stiefschwestern erblaßten vor Neid und versuchten vergeblich so schnell wie möglich, die abgerissenen Verbindungen zu ihren Verwandten wieder anzuknüpfen. Der Prinz aber bat — nachdem er ein paarmal intensiv mit ihr geplaudert hatte — wahrhaftig um ihre Hand.
Aschenputtel aber — und hier lügt das Grimmsche Märchen am schlimmsten — lehnte ohne allen Hochmut, aber mit dem sicheren Bewußtsein der Unüberbrückbarkeit nicht der Standesunterschiede, wohl aber der Gegensätze der Interessen und der politischen Überzeugungen das Angebot ab. »Ich schätze Ihr warmes Herz und Ihre großmütigen Anwandlungen, aber ich weiß genau, daß Ihre Familie, Ihr Stand und Ihr Besitz es Ihnen auf die Dauer nicht erlauben würden, Ihrem Herzen zu folgen. Entweder müßte ich dann — gemeinsam mit Ihnen meiner jetzigen Aufgabe untreu werden, oder aber unsere Wege würden sich schmerzlicher trennen, als sie es jetzt noch tun können.« »Wenn Sie mich aber wahrhaft lieben, so könnten Sie das durch eine humane und fortschrittliche Tat beweisen.« Tieftraurig fragte der Prinz, was das dann für eine Tat sein könnte. »Sie können«, sagte Aschenputtel, »bei Ihrem Herrn Vater die Verabschiedung eines Gesetzes erwirken, das die Koalition der Lohnempfänger aller Berufe erlaubt und die mittelalter-

liche Gesindeordnung aufhebt.« Der Prinz versprach es, aber sein Vater, von versierten und geschäftstüchtigen Beratern umgeben, lehnte den Vorschlag mit aller Entschiedenheit ab.

So kam es denn, wie es kommen mußte. Eines schönen Tages zogen Soldaten des Königs in die Stadt und verhafteten Aschenputtel. Das Büro der Diener-Gewerkschaft wurde aufgelöst und überall verkündeten Richter und Pfarrer, daß es eine Sünde sei, wenn »ein Stand sich gegen den anderen zusammenschlösse, um ihn zu erpressen«. Alle hatten das schöne Wort »Freiheit« im Munde, und Aschenputtel beschloß, nachdem es seine Gefängnisstrafe wegen Beleidigung des Königshauses und Verstoßes gegen die Gesindeordnung abgesessen hatte, nach Amerika auszuwandern, wo es keine Könige und Prinzen gibt und — wie es glaubte — alle Menschen wirklich frei und gleichberechtigt sind. Der Prinz aber, der schon an der ersten ernsthaften politischen Aufgabe, die er übernehmen wollte, gescheitert war, soll sich das Leben genommen haben. Wenn er aber nicht gestorben ist, so lebt er heute noch und hofft auf die gütige Einsicht seines Vaters.

6. Frau Holle

Eine Witwe hatte zwei Töchter, davon war die eine schön und fleißig, die andere häßlich und faul. Sie hatte aber die häßliche und faule, weil sie ihre rechte Tochter war, viel lieber, und die andere mußte alle Arbeit tun und der Aschenputtel im Hause sein. Das arme Mädchen mußte sich täglich auf die große Straße bei einem Brunnen setzen und mußte so viel spinnen, daß ihm das Blut aus den Fingern sprang. Nun trug es sich zu, daß die Spule einmal ganz blutig war, da bückte es sich damit in den Brunnen und wollte sie abwaschen: Sie sprang ihm aber aus der Hand und fiel hinab. Es weinte, lief zur Stiefmutter und erzählte ihr das Unglück. Sie schalt es aber so heftig und war so unbarmherzig, daß sie sprach: »Hast du die Spule hinunterfallen lassen, so hole sie auch wieder herauf.« Da ging das Mädchen zu dem Brunnen zurück und wußte nicht, was es anfangen sollte, und in seiner Herzensangst sprang es in den Brunnen hinein, um die Spule zu holen. Es verlor die Besinnung, und als es erwachte und wieder zu sich selbst kam, war es auf einer schönen Wiese, wo die Sonne schien und viele tausend Blumen standen. Auf dieser Wiese ging es fort und kam zu einem Backofen, der war voller Brot; das Brot aber rief: »Ach, zieh mich 'raus, zieh mich 'raus, sonst verbrenn' ich: Ich bin schon längst ausgebacken.« Da trat es herzu und holte mit dem Brotschieber alles nacheinander heraus. Danach ging es weiter und kam zu einem Baum, der hing voller Äpfel und rief ihm zu: »Ach, schüttel mich, schüttel mich, wir Äpfel sind alle miteinander reif.« Da schüttelte es den Baum, daß die Äpfel fielen, als regneten sie, und schüttelte, bis keiner mehr oben war; und als es alle in einen Haufen zusammengelegt hatte, ging es wieder weiter. Endlich kam es zu einem kleinen Haus, daraus guckte eine alte Frau, weil sie aber so große Zähne hatte, ward ihm angst, und es wollte fortlaufen. Die alte Frau aber rief ihm nach: »Was fürchtest du dich, liebes Kind? Bleib bei mir, wenn du alle Arbeit im Hause ordentlich tun willst, so soll dir's gutgehn. Du mußt nur achtgeben, daß du mein Bett gut machst und es fleißig aufschüttelst, daß die Federn fliegen, dann schneit es in der Welt[1]; ich bin die Frau Holle.« Weil die Alte ihm so gut zusprach, so faßte sich das Mädchen ein Herz, willigte ein und begab sich in ihren Dienst. Es besorgte auch alles nach ihrer Zufriedenheit und schüttelte ihr das Bett immer gewaltig auf, daß die Federn wie Schneeflocken umherflogen; dafür hatte es auch ein gutes Leben bei ihr, kein böses Wort und alle Tage Gesottenes und Gebratenes. Nun war es eine Zeitlang bei der Frau Holle, da ward es traurig und wußte anfangs selbst nicht, was ihm fehlte, endlich merkte es, daß es Heimweh war; obwohl es ihm hier gleich viel tausendmal besser ging als zu Hause, so hatte es doch ein Verlangen dahin. Endlich sagte es zu ihr: »Ich habe den Jammer nach Haus kriegt, und wenn es mir auch noch so gut hier unten geht, so kann ich doch nicht länger bleiben, ich muß wieder hinauf zu den Meinigen.« Die Frau Holle sagte: »Es gefällt mir, daß du wieder nach Hause verlangst, und weil du mir so treu gedient hast, so will ich dich selbst wieder hinaufbringen.« Sie nahm es darauf bei der Hand und führte es vor ein großes Tor. Das Tor ward aufgetan, und wie das Mädchen gerade darunterstand, fiel ein gewaltiger Goldregen, und alles Gold blieb an ihm hängen, so daß es über und über davon bedeckt war. »Das sollst du haben, weil du so fleißig gewesen bist«, sprach die Frau Holle und gab ihm auch die Spule wieder, die ihm in den Brunnen gefallen war. Darauf ward das Tor verschlossen, und das Mädchen befand sich oben auf der Welt, nicht weit von seiner Mutter Haus und als es in den Hof kam, saß der Hahn auf dem Brunnen und rief:

>»Kikeriki,
> unsere goldene Jungfrau ist wieder hie.«

Da ging es hinein zu seiner Mutter, und weil es so mit Gold bedeckt ankam, ward es von ihr und der Schwester gut aufgenommen.
Das Mädchen erzählte alles, was ihm begegnet war, und als die Mutter hörte, wie es zu dem großen Reichtum gekommen war, wollte sie der andern häßlichen und faulen Tochter gerne dasselbe Glück verschaffen. Sie mußte sich an den Brunnen setzen und spinnen; und damit ihre Spule blutig ward, stach sie sich in die Finger und stieß sich die Hand in die Dornhecke. Dann

[1] Darum sagt man in Hessen, wenn es schneit, die Frau Holle macht ihr Bett.

warf sie die Spule in den Brunnen und sprang selbst hinein. Sie kam, wie die andere, auf die schöne Wiese und ging auf demselben Pfade weiter. Als sie zu dem Backofen gelangte, schrie das Brot wieder: »Ach, zieh mich 'raus, zieh mich 'raus, sonst verbrenn' ich: Ich bin schon längst ausgebacken.« Die Faule aber antwortete: »Da hätt' ich Lust, mich schmutzig zu machen«, und ging fort. Bald kam sie zu dem Apfelbaum, der rief: »Ach, schüttel mich, schüttel mich, wir Äpfel sind alle miteinander reif.« Sie antwortete aber: »Du kommst mir recht, es könnte mir einer auf den Kopf fallen«, und ging damit weiter. Als sie vor der Frau Holle Haus kam, fürchtete sie sich nicht, weil sie von ihren großen Zähnen schon gehört hatte, und verdingte sich gleich zu ihr. Am ersten Tag tat sie sich Gewalt an, war fleißig und folgte der Frau Holle, wenn sie ihr etwas sagte, denn sie dachte an das viele Gold, das sie ihr schenken würde; am zweiten Tag aber fing sie schon an zu faulenzen, am dritten noch mehr, da wollte sie morgens gar nicht aufstehen. Sie machte auch der Frau Holle das Bett nicht, wie sich's gebührte, und schüttelte es nicht, daß die Federn aufflogen. Das ward die Frau Holle bald müde, und sie sagte ihr den Dienst auf. Die Faule war das wohl zufrieden und meinte, nun würde der Goldregen kommen; die Frau Holle führte sie auch zu dem Tor, als sie aber darunterstand, ward statt des Goldes ein großer Kessel voll Pech ausgeschüttet. »Das ist zur Belohnung deiner Dienste«, sagte die Frau Holle und schloß das Tor zu. Da kam die Faule heim, aber sie war ganz mit Pech bedeckt, und der Hahn auf dem Brunnen, als er sie sah, rief:

»Kikeriki,
unsere schmutzige Jungfrau ist wieder hie.«

Das Pech aber blieb fest an ihr hängen und wollte, solange sie lebte, nicht abgehen.

Der Pech-Marie-Report

Das Märchen von »Frau Holle« hat zahllose Generationen von braven Hausmütterchen und gehorsamen Hausgehilfinnen erzogen. Es ist eine nützliche Sozialisationshilfe für bürgerliche Verhältnisse gewesen und wird als solche — wie erst unlängst eine beliebte Psychotherapeutin bewiesen hat — noch immer geschätzt. Der Volkskundler, der den wahren Ursprung dieser verdächtig brauchbaren Märchenerzählung zu entdecken sucht, hält vergebens Ausschau nach einem emanzipatorischen Kern. Allenfalls könnte man die schönen Gleichnisse von den reifen Äpfeln, die nach Ernte rufen, und den gebackenen Broten, die herausgezogen werden müssen, als einen Hinweis auf sozialistische Gedankengänge deuten, wie sie später Bertolt Brecht im »Kaukasischen Kreidekreis« entfaltet hat. »Die Dinge sollen denen gehören, die den Dingen gut sind« — »die Wagen denen, die gut fahren, die Kinder den Mütterlichen und das Tal den Bewässerern«. Nur fehlt leider bei »Frau Holle« die praktische Nutzanwendung, daß nämlich Goldmarie die Brote an sich nimmt (vielleicht gar, um sie an die Notleidenden und hart Arbeitenden zu verteilen). Sie begnügt sich mit einer freundlichen, aber leider (für sie wie für andere) folgenlosen Tat.
Zum Glück ist nun aber die jahrelange Suche der progressiven Volkskundler durch einen überraschenden Fund belohnt worden. Im Archiv des Franziskanerklosters Maria-Zuflucht (der Name ist — mit Rücksicht auf die frommen Patres, die das Dokument ohne Billigung der Kirchenbehörden zugänglich gemacht haben — frei erfunden, I. F.) tauchte vor wenigen Wochen ein ausführlicher Bericht von einem jungen Mädchen auf, das 1490 auf einem benachbarten Schloß geteert (mit Pech übergossen) worden war und sein Schicksal dem erschütterten Pater Beichtvater erzählt hat. Aus dem Inhalt ging einwandfrei hervor, daß dieses bemitleidenswerte Mädchen niemand anders gewesen sein muß als die aus dem

Märchen »Frau Holle« bekanntgewordene Pech-Marie. Erst jetzt — aufgrund dieses zum Glück vollständig erhaltenen Berichtes — läßt sich die dem stark defigurierten Märchen ursprünglich zugrunde liegende Geschichte rekonstruieren. Wen freilich die Hauptschuld an der Entstellung der historischen Wahrheit in diesem Falle trifft: auch die Brüder Grimm oder allein ihre Gewährsmänner, das wird sich kaum noch einwandfrei feststellen lassen.

Sehen wir uns die wichtigsten Teile des lateinisch überlieferten Berichtes in deutscher Übersetzung an: »Ich wurde im Jahre 1472 als jüngere Tochter des Taglöhners W. in Xlingen geboren. Mein Vater warf mir, seit ich mich erinnern kann, vor, daß ich schwarze Haare habe und ihm daher nicht gefiel. Ich mochte im Hause und auf dem Feld arbeiten, so viel ich wollte, nie konnte ich es ihm — oder meiner Mutter — recht machen. Sieh nur die Gold-Marie an (so nannte sie in rassistischer Voreingenommenheit meine blondhaarige Schwester), wurde mir immer wieder vorgehalten, die ist tüchtig, brav, schön und so weiter. Ich konnte es schon gar nicht mehr hören. Oft saß ich weinend auf meinem Strohsack und wußte nicht, was ich tun sollte. Ja zuweilen bat ich Gott im Gebet, er möge mich doch rasch zu sich nehmen, weil mir das Leben gar so unerträglich schien. Eines Tages nun hörten meine Eltern, daß der Kastellan von Schloß Ritterstein — ein Mann namens Holle — eine Hausgehilfin suche. Meine Mutter meinte sofort, das wäre etwas für unsere Gold-Marie. Sie könnte dort feine Manieren lernen, sich ein Stück Geld ersparen und am Ende dann leichter einen gut verdienenden Mann finden. Gesagt — getan. Meine Schwester ging hin und kam richtig — nach einem Jahr — mit einer Menge Gold wieder heim. Vater und Mutter bereiteten ihr einen großartigen Empfang und obwohl sie, wie ich wußte, nur einen kleinen Teil des empfangenen Goldes ablieferte, waren die Eltern dankbar und froh. In der Nacht erzählte mir meine Schwester voller Stolz, wie sie zu dem vielen Gold gekommen war. Sie hatte es nämlich keineswegs für ihre Hausarbeit erhalten (die wird ja — wie man weiß — überall sehr schlecht bezahlt), sondern dafür, daß sie Herrn Holle, einem dicklichen alten Mann mit häßlichen Triefaugen, über den sie sich insgeheim lustig machte, in

Liebesdingen zu Willen gewesen war. Natürlich hatten meine Eltern von diesem Handel keine Ahnung. Vielleicht wollten sie es auch nicht so genau wissen, weil ja doch das viele Gold ins Haus gekommen war, das sie gut brauchen konnten.
Alsbald wurde daher beschlossen, daß nunmehr auch ich zum Kastellan Holle in Dienst gehen sollte, um nach einem Jahr gleichfalls mit einem Batzen Gold wieder nach Hause zu kommen. — Ich zog los und wurde auch wirklich eingestellt. Als sich aber herausstellte, daß ich Herrn Holles sexuelle Bedürfnisse nicht zu befriedigen bereit war, begann meine Leidenszeit. Von früh bis spät mußte ich die sinnlosesten Arbeiten verrichten. Es gab keine freien Stunden am Tage, und an Sonn- und Feiertagen durfte ich nur zum frühesten Frühgottesdienst gehen, um dann sofort an den Herd, den Waschbottich, den Besen zurückzukehren. Jeden Morgen mußte ich die neun Öfen heizen, das Frühstück zubereiten, die Betten machen, dann das Mittagsmahl vorbereiten, und während all dieser Zeit erhielt ich selbst nichts als Schwarzbrot und Grütze. Als ich einmal große Schmerzen an den Füßen hatte und bat, einen Bader aufsuchen zu dürfen, wurde ich von Herrn Holle im Auftrag seiner Frau verprügelt.
Das schlimmste aber waren die Federbetten. Die lagen Frau Holle besonders am Herzen. Jeden Vormittag mußte ich sie gründlich ausschütteln — bis die Federn flogen —, zugleich aber war ich dafür verantwortlich, daß keine Feder verlorenging. Das heißt, ich mußte hinunter ins Tal gehen (das Schloß liegt ja hoch oben auf dem Berge), die Federn mühevoll wieder einsammeln, sie waschen, trocknen und endlich wieder in die Kissen stopfen. Damit verbrachte ich den halben Tag und oft auch Teile der Nacht. Wahrscheinlich hatte Frau Holle eine heimliche Freude an dieser ganz und gar sinnlosen, monotonen Tätigkeit.«
An dieser Stelle macht unser frommer Gewährsmann eine gelehrte Fußnote, die auf Dantes »Divina Comedia« und die berühmte Stelle von Sisyphos verweist. Er schließt — von seinem Standpunkt aus naheliegenderweise auf den teuflischen Charakter der Frau Holle und hält auch eine etymologische Verwandtschaft von Holle und Hölle durchaus für denkbar. Jedenfalls schließt er

entschieden die später üblich gewordene Verbindung mit »holde« (Huld!) als absolut irreführend von vornherein aus. »Unergründlich ist die Bosheit des menschlichen Herzens«, meint unser Pater. Auf den Gedanken, daß einfacher Neid der häßlichen alten Frau auf die hübsche (und noch dazu von ihrem Mann heiß begehrte) Pech-Marie das entscheidende Motiv gewesen sein könnte, kam er offenbar in seiner klösterlichen Isoliertheit nicht.

Doch kehren wir zu Maries Bericht zurück. »Einmal, als ich erst spät in der Nacht aus dem Tal zurückkam, wo ich Federn gesammelt hatte, überraschte mich Herr Holle und versuchte mir Gewalt anzutun. Durch die viele Arbeit war ich aber stark geworden wie ein Holzfäller und konnte mich seiner mühelos erwehren. Von dem Lärm, der entstand, wachte Frau Holle auf. Aber wenn ich gedacht hatte, Frau Holle würde nun wenigstens meine Partei ergreifen, weil sie doch sehen mußte, wie die Dinge standen, sollte ich mich täuschen. Die folgenden Wochen wurden nur noch schlimmer. Endlich, als meine Zeit um war, erbat ich meine Entlassung und den — weder mündlich noch schriftlich vereinbarten — Lohn. Da führten mich die beiden Holles zum großen Tor von Schloß Ritterstein, hießen mich einen Moment warten und ließen dann aus der Pechnase über dem Tor heißes Pech auf mich herunter, so daß ich aufschrie und davonrannte. Bis es Abend wurde, habe ich mich in einem Straßengraben versteckt, und dann bin ich durch den Wald zu euch nach Maria-Zuflucht gekommen, weil ich mich nicht unter die Leute traute und Angst hatte, daß mich die Holles von ihren Knechten verfolgen und umbringen lassen würden.«

Der fromme Pater, dem wir den Bericht verdanken, schreibt dann noch, daß Pech-Marie in ein entfernt liegendes Franziskanerinnen-Kloster gebracht wurde, wo sie als tugendhafte und fleißige Schwester noch viele Jahre lang unerkannt lebte. Niemand wußte dort, woher sie gekommen war und was für ein Schicksal sie hinter sich hatte. Der Arm der Holles und der Schloßherren von Ritterstein reichte weit, und kein Kloster oder Bischof konnte es sich leisten, offen der einflußreichen Familie zu widerstehen. Aus diesem Grunde wurde auch der wahrheitsgemäße Bericht seither im Kloster-Archiv verborgen, und niemand erhob Einspruch, als Jahre später ein junger Kleriker im Auftrag der Holles an die Aufzeichnung eines Berichtes ging, der nun wirklich ein »Märchen«, eine Fiktion, war.

Vorsichtshalber ließ er in diesem Märchen-Bericht Herrn Holle ganz weg, und von der wirklichen Frau Holle sind am Ende nur die »häßlichen langen Zähne«, die manchen Leser des Märchens schon verwundert haben, erhalten geblieben. Alles andere: Frau Holles Charakter, ihre Wesensart, ja die Rolle der beiden Mädchen und ihrer Eltern wurde bis zur völligen Unkenntlichkeit entstellt. Finstere germanische Mythen wurden später mit dem »Bericht« kombiniert, und am Ende kam jenes brauchbare Sozialisationsmittel heraus, das wir kennen. Es suggeriert alle die »Tugenden«, die herrschenden Klassen (und patriarchalischen Familienvätern) bequem sind: 1. unbedingten Gehorsam (gegenüber den Anweisungen der Hausfrau — aber auch gegenüber den sexuellen Wünschen des Dienstherren). 2. Hinnahme schlechthin sinnloser Tätigkeiten ohne Widerspruch (z. B. Bettfedern ausschütteln und wieder einsammeln). 3. Verzicht auf vertragliche Regelung von Arbeitszeit und Arbeitslohn — im Vertrauen auf »großzügige Entschädigung« am Ende der gesamten Dienstzeit.

Während der wahrhaftige Bericht von Pech-Maries Schicksal an die zahllosen verfolgten Neger in den amerikanischen Südstaaten denken läßt, die im 18. und 19., ja noch im 20. Jahrhundert geteert und gefedert wurden, sucht die bekannte Märchenfassung die Arbeitswelt im Haushalt als eine reine Idylle hinzustellen, und Pech-Maries Schicksal als gerechte Strafe für unzulängliche Hausarbeit zu präsentieren. Es bleibt erstaunlich genug, daß sich so wenig Kinder über die gemeine Behandlung empören, die Pech-Marie widerfährt, und die selbst dann völlig ungerechtfertigt gewesen wäre, wenn sie tatsächlich faul und widerwillig ihre Hausarbeit getan hätte. Noch 1898 galt in Preußen-Deutschland eine altertümliche »Gesindeordnung«, die es u. a. dem Hauspersonal verbot, sich gewerkschaftlich zu organisieren. Pech-Marie könnte — wenn einst die Archive von Kloster Maria-Zuflucht offiziell geöffnet worden sind — zur

Schutzheiligen einer emanzipatorischen Gewerkschaft und der Woman's Liberation werden. Sie verdient jedenfalls als ein doppeltes Opfer erinnert zu werden — einmal wegen ihres faktischen Schicksals und zum anderen wegen des böswilligen Rufmords, den jahrhundertelang das im Auftrag der Holles erfundene Märchen an ihr begangen hat. Hoffen wir, daß die kirchlichen Behörden bald einsehen, wie verkehrt es ist, ein halbes Jahrtausend nach der Geburt von Pech-Marie noch immer die Kreise durch Schweigen zu decken, die sich einst gegen sie vergangen haben.

7. Die Bremer Stadtmusikanten

Es hatte ein Mann einen Esel, der schon lange Jahre die Säcke unverdrossen zur Mühle getragen hatte, dessen Kräfte aber nun zu Ende gingen, so daß er zur Arbeit immer untauglicher ward. Da dachte der Herr daran, ihn aus dem Futter zu schaffen, aber der Esel merkte, daß kein guter Wind wehte, lief fort und machte sich auf den Weg nach Bremen: Dort, meinte er, könnte er ja Stadtmusikant werden. Als er ein Weilchen fortgegangen war, fand er einen Jagdhund auf dem Wege liegen, der jappte wie einer, der sich müde gelaufen hat. »Nun, was jappst du so, Packan?« fragte der Esel. »Ach«, sagte der Hund, »weil ich alt bin und jeden Tag schwächer werde, auch auf der Jagd nicht mehr fort kann, hat mich mein Herr wollen totschlagen, da hab' ich Reißaus genommen; aber womit soll ich nun mein Brot verdienen?« — »Weißt du was«, sprach der Esel, »ich gehe nach Bremen und werde dort Stadtmusikant, geh mit und laß dich auch bei der Musik annehmen. Ich spiele die Laute, und du schlägst die Pauken.« Der Hund war's zufrieden, und sie gingen weiter. Es dauerte nicht lange, so saß da eine Katze an dem Weg und machte ein Gesicht wie drei Tage Regenwetter. »Nun, was ist dir in die Quere gekommen, alter Bartputzer?« sprach der Esel. »Wer kann da lustig sein, wenn's einem an den Kragen geht«, antwortete die Katze, »weil ich nun zu Jahren komme, meine Zähne stumpf werden und ich lieber hinter dem Ofen sitze und spinne, als nach Mäusen herumjage, hat mich meine Frau ersäufen wollen; ich habe mich zwar noch fortgemacht, aber nun ist guter Rat teuer: Wo soll ich hin?« — »Geh mit uns nach Bremen, du verstehst dich doch auf die Nachtmusik, da kannst du ein Stadtmusikant werden.« Die Katze hielt das für gut und ging mit. Darauf kamen die drei Landesflüchtigen an einem Hof vorbei, da saß auf dem Tor der Haushahn und schrie aus Leibeskräften. »Du schreist einem durch Mark und Bein«, sprach der Esel, »was hast du vor?« — »Da hab' ich gut Wetter prophezeit«, sprach der Hahn, »weil unserer lieben Frauen Tag ist, wo sie dem Christkindlein die Hemdchen gewaschen hat und sie trocknen will; aber weil morgen zum Sonntag Gäste kommen, so hat die Hausfrau doch kein Erbarmen und hat der Köchin gesagt, sie wollte mich morgen in der Suppe essen, und da soll ich mir heute abend den Kopf abschneiden lassen. Nun schrei' ich aus vollem Hals, solang ich noch kann.« — »Ei was, du Rotkopf«, sagte der Esel, »zieh lieber mit uns fort, wir gehen nach Bremen, etwas Besseres als den Tod findest du überall; du hast eine gute Stimme, und wenn wir zusammen musizieren, so muß es eine Art haben.« Der Hahn ließ sich den Vorschlag gefallen, und sie gingen alle viere zusammen fort.

Sie konnten aber die Stadt Bremen in einem Tag nicht erreichen und kamen abends in einen Wald, wo sie übernachten wollten. Der Esel und der Hund legten sich unter einen großen Baum, die Katze und der Hahn machten sich in die Äste, der Hahn aber flog bis in die Spitze, wo es am sichersten für ihn war. Ehe er einschlief, sah er sich noch einmal nach allen vier Winden um, da deuchte ihn, er sähe in der Ferne ein Fünkchen brennen, und er rief seinen Gesellen zu, es müßte nicht gar weit ein Haus sein, denn es scheine ein Licht. Sprach der Esel: »So müssen wir uns aufmachen und noch hingehen, denn hier ist die Herberge schlecht.« Der Hund meinte, ein paar Knochen und etwas Fleisch dran täten ihm auch gut. Also machten sie sich auf den Weg nach der Gegend, wo das Licht war, und sahen es bald heller schimmern, und es ward immer größer, bis sie vor ein hellerleuchtetes Räuberhaus kamen. Der Esel, als der größte, näherte sich dem Fenster und schaute hinein. »Was siehst du, Grauschimmel?« fragte der Hahn. »Was ich sehe?« antwortete der Esel, »einen gedeckten Tisch mit schönem Essen und Trinken, und Räuber sitzen daran und lassen's sich wohl sein.« — »Das wäre was für uns«, sprach der Hahn. »Ja, ja, ach, wären wir da!« sagte der Esel. Da ratschlagten die Tiere, wie sie es anfangen müßten, um die Räuber hinauszujagen, und fanden endlich ein Mittel. Der Esel mußte sich mit den Vorderfüßen auf das Fenster stellen, der Hund auf des Esels Rücken springen, die Katze auf den Hund klettern, und endlich flog der Hahn hinauf und setzte sich der Katze auf den Kopf. Wie das geschehen war, fingen sie auf ein Zeichen insgesamt an, ihre Musik zu machen: der Esel schrie, der Hund bellte, die Katze miaute, und der Hahn krähte; dann stürzten sie durch das Fenster in die Stube hinein, daß die Scheiben klirrten. Die Räuber fuhren bei dem entsetzlichen Geschrei in die Höhe, meinten nicht anders, als ein Gespenst käme herein,

und flohen in größter Furcht in den Wald hinaus. Nun setzten sich die vier Gesellen an den Tisch, nahmen mit dem vorlieb, was übriggeblieben war, und aßen, als wenn sie vier Wochen hungern sollten.
Wie die vier Spielleute fertig waren, löschten sie das Licht aus und suchten sich eine Schlafstätte, jeder nach seiner Natur und Bequemlichkeit. Der Esel legte sich auf den Mist, der Hund hinter die Türe, die Katze auf den Herd in die warme Asche, und der Hahn setzte sich auf den Hahnenbalken. Und weil sie müde waren von ihrem langen Weg, schliefen sie auch bald ein. Als Mitternacht vorbei war und die Räuber von weitem sahen, daß kein Licht mehr im Haus brannte, auch alles ruhig schien, sprach der Hauptmann: »Wir hätten uns doch nicht sollen ins Bockshorn jagen lassen«, und hieß einen hingehen und das Haus untersuchen. Der Abgeschickte fand alles still, ging in die Küche, ein Licht anzuzünden, und weil er die glühenden, feurigen Augen der Katze für lebendige Kohlen ansah, hielt er ein Schwefelhölzchen daran, daß es Feuer fangen sollte. Aber die Katze verstand keinen Spaß, sprang ihm ins Gesicht, spie und kratzte. Da erschrak er gewaltig, lief und wollte zur Hintertür hinaus, aber der Hund, der da lag, sprang auf und biß ihn ins Bein. Und als er über den Hof an dem Miste vorbeirannte, gab ihm der Esel noch einen tüchtigen Schlag mit dem Hinterfuß; der Hahn aber, der vom Lärm aus dem Schlaf geweckt und munter geworden war, rief vom Balken herab »kikeriki!« Da lief der Räuber, was er konnte, zu seinem Hauptmann zurück und sprach: »Ach, in dem Haus sitzt eine greuliche Hexe, die hat mich angehaucht und mit ihren langen Fingern mir das Gesicht zerkratzt; und vor der Tür steht ein Mann mit einem Messer, der hat mich ins Bein gestochen; und auf dem Hof liegt ein schwarzes Ungetüm, das hat mit einer Holzkeule auf mich losgeschlagen; und oben auf dem Dache, da sitzt der Richter, der rief: Bringt mir den Schelm her. Da machte ich, daß ich fortkam.« Von nun an getrauten sich die Räuber nicht weiter in das Haus, den vier Bremer Musikanten gefiel's aber so wohl darin, daß sie nicht wieder herauswollten. Und der das zuletzt erzählt hat, dem ist der Mund noch warm.

Die Bremer Stadtmusikanten oder Die erste gelungene Hausbesetzung durch ein Rentnerkollektiv

Das Märchen von den »Bremer Stadtmusikanten« ist eine Fabel. Was es von alten oder dem Tod geweihten Tieren berichtet, soll in eingekleideter, verschleierter Form das Schicksal von Menschen — und zwar von ganz spezifischen Menschen einer ganz bestimmten Zeit und sozialen Lage — beschreiben. Im zaristischen Rußland hatten sich oppositionelle Schriftsteller daran gewöhnt, in ihren namentlich gezeichneten Publikationen »in äsopischer Sprache zu reden«. Äsop war nämlich ein griechischer Dichter, der im 6. vorchristlichen Jahrhundert gelebt haben soll und dem die ersten Erzählungen in Fabelform zugeschrieben werden. Auch im »Dritten Reich« und in der Stalinära bedienten sich Schriftsteller zuweilen der äsopischen Sprache, und manchmal las auch das nach Kritik lechzende Publikum in ganz harmlose Fabeln (wie Manfred Kybers Erzählung vom »Oberaffen« und seiner grenzenlosen Feigheit) eine polemische politische Absicht hinein. Kurz gesagt, die Tradition der Einkleidung kritischer Äußerungen in die Fabelform ist nie abgerissen, und so ist es auch kein Wunder, daß wir ihr gelegentlich unter den Grimmschen Märchen begegnen. Manchmal dauert es freilich lange, ehe durch aktuelle Ereignisse plötzlich wieder Licht auf den von der Fabel gemeinten Sinn geworfen und dieser damit erneut verstehbar wird.

Die zahlreichen gelungenen und mißlungenen Hausbesetzungen der letzten Monate und Jahre sensibilisieren den aufmerksamen Märchenleser und -verwirrer für den Hintersinn der Fabel und lassen mit einem Male als sonnenklar erscheinen, was jahrhundertelang verborgen geblieben war. Versuchen wir also die Entschlüsselung, die uns heute und hier — angesichts fehlender Zensurbestimmungen (vgl. Artikel 5 Absatz 1 Grundgesetz der Bundesrepublik » ... eine Zensur findet nicht statt«) ohne Gefahr möglich ist. Streifen wir die Fabelform, die äsopische Sprache, ab, um ihren »menschlichen Kern« herauszuschälen.

Vor vielen vielen Jahren lebte einmal ein *Hafenarbeiter,* der war durch lange anstrengende Tätigkeit beim Be- und Entladen der Schiffe vorzeitig invalid geworden und konnte daher keine Beschäftigung mehr finden. Da sein Lohn immer gerade nur ausreichte, ihn am Leben zu erhalten, und er also für seine »alten Tage« nichts hatte zurücklegen können, und da es noch keinerlei Sozialrenten gab, stand er praktisch vor dem Nichts. Irgendwoher hatte er aber gehört, man suche in Bremen Stadtmusikanten, und weil er meinte, seine gute Baßstimme könne dort vielleicht gebraucht werden, machte er sich auf den Weg. Unterwegs traf er bald einen ergrauten *Söldner,* der war von seinem Landesherrn entlassen worden, weil er das Gewehr nicht mehr ruhig in seinen zitternden Händen halten konnte, und saß nun gleichfalls auf der Straße. Da schlug ihm der Hafenarbeiter vor, er solle mit nach Bremen kommen, beim Militär habe er doch sicher wenigstens die Trommel rühren gelernt, und so werde sich vielleicht bei der Stadtmusik etwas machen lassen. Es dauerte nicht lange, da begegnete den beiden Männern ein alt gewordenes *Freudenmädchen,* das sah kummervoll und betrübt aus und klagte sein Leid. Ihre Bordellwirtin habe sie an die Luft gesetzt, weil sie am liebsten daheim säße und sich am Ofen wärme, statt an den frequentierten und zugigen Ecken der Stadt Kundschaft zu werben, und weil ohnehin die Nachfrage nach ihren Gunsterweisen immer mehr zurückgegangen sei, seit so viele arbeitslose junge Dinger von den ländlichen Bezirken in die Stadt strömten. Gern waren die beiden Männer bereit, das unglückliche Mädchen in ihren Bund aufzunehmen und bei der Bremer Stadtmusik zu empfehlen. Auf ihrem Weg trafen sie schließlich auch einen stolzen *Tenor,* der war soeben zum Tode verurteilt worden, weil er statt des hohen C ein Cis gesungen hatte, und das in Gegenwart eines erlauchten Gastes seines Landesherrn. Zum Glück hatte er aber entfliehen können und stand nun – wie alle anderen – völlig mittellos auf der Straße.

Als sich so ein ausreichend großes Kollektiv von Frühinvaliden und »Rentnern« (ohne Rente) gebildet hatte, schlug der Tenor gegen Abend vor, man solle sich ein geeignetes Nachtquartier suchen.

Sie kamen auch bald an ein einsames Haus, in dem noch Licht brannte und — wie sie bald feststellen — die Hausbesitzer ein üppiges Mahl verzehrten. In der Grimmschen Fabel wird berichtet, es habe sich bei diesen Hausbesitzern um »Räuber« gehandelt. Durch diesen Ausdruck soll die moralische Ablehnung des Eigentumsrechtes der genannten Personen an diesem Haus angedeutet werden, das sie vielleicht durch fristlose Kündigung einer Hypothek billig an sich gebracht hatten oder das sie aus Spekulationsgründen leer stehen ließen, um lediglich von Zeit zu Zeit ein wüstes Gelage in ihm zu veranstalten. Strenggenommen kann man ja ein Grundstück und ein Haus nicht »rauben«, sondern nur bewegliches Gut. Es ist aber gleichgültig, ob die Hausbesitzer, von denen das Märchen als »Räuber« spricht, selbst noch anderweitig von Raub lebten, oder ob ihr »Raub« allein in einem ungerechten (wenn auch formal legalen) Erwerb des Hauses bestanden hat, klar bleibt, daß der Märchenerzähler ihren Besitztitel nicht akzeptiert und den Überfall des Rentnerkollektivs und dessen dauernde Festsetzung in dem besetzten Hause eindeutig billigt.

Der Fortgang der Geschichte ist bekannt. Durch ihre Vereinigung (eine defiziente Frühform der Gewerkschaft oder der politischen Partei) waren die vier so stark geworden, daß es ihnen mühelos gelang, die tafelnden Hausbesitzer in die Flucht zu schlagen und bei einem Versuch der Rückkehr erfolgreich abzuwehren. Fragt man aber, warum die Besitzer nicht die Polizei gerufen haben, so sollte die Antwort vielleicht lauten:

— weil es ja doch ein Märchen ist,
  oder
— weil sie insgeheim wußten, daß sie

»Räuber« waren und daß die frierenden, hungernden, invaliden Mitglieder des Kollektivs weit eher ein Anrecht auf das Haus hatten als sie selbst. Eine solche Reflexion könnte — wenn man die Entstehungszeit des Märchens ins 18. oder gar ins 17. Jahrhundert verlegt — nicht ausgeschlossen werden, weil der frühbürgerliche Eigen-

tumsbegriff noch eng an Nutzung und/oder eigene Bearbeitung gebunden war und der Anspruch auf eine aus Vermietungen oder Verpachtungen zu erzielende Maximal-Rendite noch nicht generell dem persönlichen, unmittelbaren Nutzungsrecht übergeordnet wurde.
Weiter berichtet das Fabel-Märchen nichts. Am Schluß heißt es lediglich, daß die vier in ihrem neu gewonnenen Häuschen blieben und auf die Reise nach Bremen, von wo offenbar auch damals nicht nur ermutigende Nachrichten kamen, verzichteten. Daraus muß man schließen, daß es sich bei dem Haus nicht nur um eine Wohngelegenheit, sondern um ein kleines Gehöft handelte, das den vier gemeinsam wirtschaftenden Invaliden erlaubte, sich einigermaßen am Leben zu erhalten. Die »Räuber« waren dann vermutlich Beauftragte des »Ober-Räubers«, nämlich des Grundherrn, der eine Pächterfamilie vertrieben hatte, um das Hofland in profitable Weide (oder in Villengrundstücke — wenn wir ein wenig anachronistisch spekulieren dürfen) zu verwandeln. Die Besetzungsaktion des Invaliden-Kollektivs wäre dann eine Episode aus dem Widerstandskampf des armen Volkes gegen die »ursprüngliche Akkumulation«, wie sie Karl Marx im 24. Kapitel des ersten Bandes des »Kapital« 1867 beschrieben hat. Daß das Märchen aus der Bremer Gegend stammen muß, erscheint daher ziemlich plausibel: die von Marx beschriebene »sogenannte ursprüngliche Akkumulation« fand ja in klassischer Form in England statt, Bremen aber gehörte von 1715 bis 1810 zum Königreich Hannover, das in Personalunion mit der englischen Krone verbunden war.
Was die Fabel des Märchens meint, war also gewiß eine andere Art von »Hausbesetzung«, als wir sie jetzt angesichts großstädtischer Wohnungsnot und leerstehender Häuser erleben, die abgebrochen werden sollen, um rentableren Bürohochhäusern zu weichen. Es ist aber kein Zufall, daß wir das Märchen heute plötzlich entschlüsseln können und daß seine utopische Hoffnungsbotschaft mit einem Male wieder ankommt.

8. Hänsel und Gretel

Vor einem großen Walde wohnte ein armer Holzhacker mit seiner Frau und seinen zwei Kindern; das Bübchen hieß Hänsel und das Mädchen Gretel. Er hatte wenig zu beißen und zu brechen, und einmal, als große Teuerung ins Land kam, konnte er auch das tägliche Brot nicht mehr schaffen. Wie er sich nun abends im Bette Gedanken machte und sich vor Sorgen herumwälzte, seufzte er und sprach zu seiner Frau: »Was soll aus uns werden? Wie können wir unsere armen Kinder ernähren, da wir für uns selbst nichts mehr haben?« — »Weißt du was, Mann«, antwortete die Frau, »wir wollen morgen in aller Frühe die Kinder hinaus in den Wald führen, wo er am dicksten ist: Da machen wir ihnen ein Feuer an und geben jedem noch ein Stückchen Brot, dann gehen wir an unsere Arbeit und lassen sie allein. Sie finden den Weg nicht wieder nach Haus, und wir sind sie los.« — »Nein, Frau«, sagte der Mann, »das tue ich nicht; wie sollt' ich's übers Herz bringen, meine Kinder im Walde allein zu lassen, die wilden Tiere würden bald kommen und sie zerreißen.« — »O du Narr«, sagte sie, »dann müssen wir alle vier Hungers sterben, du kannst nur die Bretter für die Särge hobeln«, und ließ ihm keine Ruhe, bis er einwilligte. »Aber die armen Kinder dauern mich doch«, sagte der Mann.

Die zwei Kinder hatten vor Hunger auch nicht einschlafen können und hatten gehört, was die Stiefmutter zum Vater gesagt hatte. Gretel weinte bittere Tränen und sprach zu Hänsel: »Nun ist's um uns geschehen.« — »Still, Gretel«, sprach Hänsel, »gräme dich nicht, ich will uns schon helfen.« Und als die Alten eingeschlafen waren, stand er auf, zog sein Röcklein an, machte die Hintertür auf und schlich sich hinaus. Da schien der Mond ganz helle, und die weißen Kieselsteine, die vor dem Haus lagen, glänzten wie lauter Batzen. Hänsel bückte sich und steckte so viel in sein Rocktäschlein, als nur hinein wollte. Dann ging er wieder zurück, sprach zu Gretel: »Sei getrost, liebes Schwesterchen, und schlaf nur ruhig ein, Gott wird uns nicht verlassen«, und legte sich wieder in sein Bett.

Als der Tag anbrach, noch ehe die Sonne aufgegangen war,

kam schon die Frau und weckte die beiden Kinder: »Steht auf, ihr Faulenzer, wir wollen in den Wald gehen und Holz holen.« Dann gab sie jedem ein Stückchen Brot und sprach: »Da habt ihr etwas für den Mittag, aber eßt's nicht vorher auf, weiter kriegt ihr nichts.« Gretel nahm das Brot unter die Schürze, weil Hänsel die Steine in der Tasche hatte. Danach machten sie sich alle zusammen auf den Weg nach dem Wald. Als sie ein Weilchen gegangen waren, stand Hänsel still und guckte nach dem Haus zurück und tat das wieder und immer wieder. Der Vater sprach: »Hänsel, was guckst du da und bleibst zurück, hab acht und vergiß deine Beine nicht.« — »Ach, Vater«, sagte Hänsel, »ich sehe nach meinem weißen Kätzchen, das sitzt oben auf dem Dach und will mir ade sagen.« Die Frau sprach: »Narr, das ist dein Kätzchen nicht, das ist die Morgensonne, die auf den Schornstein scheint.« Hänsel aber hatte nicht nach dem Kätzchen gesehen, sondern immer einen von den blanken Kieselsteinen aus seiner Tasche auf den Weg geworfen.

Als sie mitten in den Wald gekommen waren, sprach der Vater: »Nun sammelt Holz, ihr Kinder, ich will ein Feuer anmachen, damit ihr nicht friert.« Hänsel und Gretel trugen Reisig zusammen, einen kleinen Berg hoch. Das Reisig ward angezündet, und als die Flamme recht hoch brannte, sagte die Frau: »Nun legt euch ans Feuer, ihr Kinder, und ruht euch aus, wir gehen in den Wald und hauen Holz. Wenn wir fertig sind, kommen wir wieder und holen euch ab.«

Hänsel und Gretel saßen am Feuer, und als der Mittag kam, aß jedes sein Stückchen Brot. Und weil sie die Schläge der Holzaxt hörten, so glaubten sie, ihr Vater wäre in der Nähe. Es war aber nicht die Holzaxt, es war ein Ast, den er an einen dürren Baum gebunden hatte und den der Wind hin und her schlug. Und als sie so lange gesessen hatten, fielen ihnen die Augen vor Müdigkeit zu, und sie schliefen fest ein. Als sie endlich erwachten, war es schon finstere Nacht. Gretel fing an zu weinen und sprach: »Wie sollen wir nun aus dem Wald kommen!« Hänsel aber tröstete sie: »Wart nur ein Weilchen, bis der Mond aufgegangen ist, dann wollen wir den Weg schon finden.« Und als der volle Mond aufgestiegen war, so nahm Hänsel sein Schwesterchen an der Hand und ging den Kieselsteinen nach, die schimmerten wie neu geschlagene Batzen und zeigten ihnen den Weg. Sie gingen die ganze Nacht hindurch und kamen bei anbrechendem Tag wieder zu ihres

Vaters Haus. Sie klopften an die Tür, und als die Frau aufmachte und sah, daß es Hänsel und Gretel war, sprach sie: »Ihr bösen Kinder, was habt ihr so lange im Wald geschlafen, wir haben geglaubt, ihr wolltet gar nicht wiederkommen.« Der Vater aber freute sich, denn es war ihm zu Herzen gegangen, daß er sie so allein zurückgelassen hatte.

Nicht lange danach war wieder Not in allen Ecken, und die Kinder hörten, wie die Mutter nachts im Bette zu dem Vater sprach: »Alles ist wieder aufgezehrt, wir haben noch einen halben Laib Brot, hernach hat das Lied ein Ende. Die Kinder müssen fort, wir wollen sie tiefer in den Wald hineinführen, damit sie den Weg nicht wieder herausfinden; es ist sonst keine Rettung für uns.« Dem Mann fiel's schwer aufs Herz, und er dachte: »Es wäre besser, daß du den letzten Bissen mit deinen Kindern teiltest.« Aber die Frau hörte auf nichts, was er sagte, schalt ihn und machte ihm Vorwürfe. Wer A sagt, muß auch B sagen, und weil er das erste Mal nachgegeben hatte, so mußte er es auch zum zweiten Mal.

Die Kinder waren aber noch wach gewesen und hatten das Gespräch mit angehört. Als die Alten schliefen, stand Hänsel wieder auf, wollte hinaus und Kieselsteine auflesen wie das vorige Mal, aber die Frau hatte die Tür verschlossen, und Hänsel konnte nicht heraus. Aber er tröstete sein Schwesterchen und sprach: »Weine nicht, Gretel, und schlaf nur ruhig, der liebe Gott wird uns schon helfen.«

Am frühen Morgen kam die Frau und holte die Kinder aus dem Bette. Sie erhielten ihr Stückchen Brot, das war aber noch kleiner als das vorige Mal. Auf dem Wege nach dem Wald bröckelte es Hänsel in der Tasche, stand oft still und warf ein Bröcklein auf die Erde. »Hänsel, was stehst du und guckst dich um«, sagte der Vater, »geh deiner Wege.« — »Ich sehe nach meinem Täubchen, das sitzt auf dem Dache und will mir ade sagen«, antwortete Hänsel. »Narr«, sagte die Frau, »das ist dein Täubchen nicht, das ist die Morgensonne, die auf den Schornstein oben scheint.« Hänsel aber warf nach und nach alle Bröcklein auf den Weg.

Die Frau führte die Kinder noch tiefer in den Wald, wo sie ihr Lebtag noch nicht gewesen waren. Da ward wieder ein großes Feuer angemacht, und die Mutter sagte: »Bleibt nur da sitzen, ihr Kinder, und wenn ihr müde seid, könnt ihr ein wenig schlafen: Wir gehen in den Wald und hauen Holz, und abends, wenn wir fertig sind, kommen wir und holen euch ab.« Als es Mittag war, teilte Gretel ihr Brot mit Hänsel, der sein Stück auf den Weg gestreut hatte. Dann schliefen sie ein, und der Abend verging, aber niemand kam zu den armen Kindern. Sie erwachten erst in der finsteren Nacht, und Hänsel tröstete sein Schwesterchen und sagte: »Wart nur, Gretel, bis der Mond aufgeht, dann werden wir die Brotbröcklein sehen, die ich ausgestreut habe, die zeigen uns den Weg nach Haus.« Als der Mond kam, machten sie sich auf, aber sie fanden kein Bröcklein mehr, denn die viel tausend Vögel, die im Walde und im Felde umherfliegen, die hatten sie weggepickt. Hänsel sagte zu Gretel: »Wir werden den Weg schon finden«, aber sie fanden ihn nicht. Sie gingen die ganze Nacht und noch einen Tag von Morgen bis Abend, aber sie kamen aus dem Wald nicht heraus und waren so hungrig, denn sie hatten nichts als die paar Beeren, die auf der Erde standen. Und weil sie so müde waren, daß die Beine sie nicht mehr tragen wollten, so legten sie sich unter einen Baum und schliefen ein. Nun war's schon der dritte Morgen, daß sie ihres Vaters Haus verlassen hatten. Sie fingen wieder an zu gehen, aber sie gerieten immer tiefer in den Wald, und wenn nicht bald Hilfe kam, so mußten sie verschmachten. Als es Mittag war, sahen sie ein schönes schneeweißes Vöglein auf einem Ast sitzen, das sang so schön, daß sie stehenblieben und ihm zuhörten. Und als es fertig war, schwang es seine Flügel und flog vor ihnen her, und sie gingen ihm nach, bis sie zu einem Häuschen gelangten, auf dessen Dach es sich setzte, und als sie ganz nah herankamen, so sahen sie, daß das Häuslein aus Brot gebaut war und mit Kuchen gedeckt; aber die Fenster waren von hellem Zucker. »Da wollen wir uns dranmachen«, sprach Hänsel, »und eine gesegnete Mahlzeit halten. Ich will ein Stück vom Dach essen, Gretel, du kannst vom Fenster essen, das schmeckt süß.« Hänsel reichte in die Höhe und brach sich ein wenig vom Dach ab, um zu versuchen, wie es schmeckte, und Gretel stellte sich an die Scheiben und knusperte daran. Da rief eine feine Stimme aus der Stube heraus:

»Knuper, knuper, kneischen,
wer knupert an meinem Häuschen?«

Die Kinder antworteten:

»Der Wind, der Wind, das himmlische Kind«,

und aßen weiter, ohne sich irre machen zu lassen. Hänsel, dem das Dach sehr gut schmeckte, riß sich ein großes Stück davon herunter, und Gretel stieß eine ganze runde Fensterscheibe heraus, setzte sich nieder und tat sich wohl damit. Da ging auf einmal die Tür auf, und eine steinalte Frau, die sich auf eine Krücke stützte, kam herausgeschlichen. Hänsel und Gretel erschraken so gewaltig, daß sie fallen ließen, was sie in den Händen hielten. Die Alte aber wackelte mit dem Kopfe und sprach: »Ei, ihr lieben Kinder, wer hat euch hierher gebracht? Kommt nur herein und bleibt bei mir, es geschieht euch kein Leid.« Sie faßte beide an der Hand und führte sie in ihr Häuschen. Da ward gutes Essen aufgetragen, Milch und Pfannekuchen mit Zucker, Äpfel und Nüsse. Hernach wurden zwei schöne Bettlein weiß gedeckt, und Hänsel und Gretel legten sich hinein und meinten, sie wären im Himmel.

Die Alte hatte sich nur so freundlich angestellt, sie war aber eine böse Hexe, die den Kindern auflauerte, und hatte das Brothäuslein bloß gebaut, um sie herbeizulocken. Wenn eins in ihre Gewalt kam, so machte sie es tot, kochte es und aß es, und das war ihr ein Festtag. Die Hexen haben rote Augen und können nicht weit sehen, aber sie haben eine feine Witterung, wie die Tiere, und merken's, wenn Menschen herankommen. Als Hänsel und Gretel in ihre Nähe kamen, da lachte sie boshaft und sprach höhnisch: »Die habe ich, die sollen mir nicht wieder entwischen.« Frühmorgens, ehe die Kinder erwacht waren, stand sie schon auf, und als sie beide so lieblich ruhen sah, mit den vollen roten Backen, so murmelte sie vor sich hin: »Das wird ein guter Bissen werden.« Da packte sie Hänsel mit ihrer dürren Hand und trug ihn in einen kleinen Stall und sperrte ihn mit einer Gittertür ein: Er mochte schreien, wie er wollte, es half ihm nichts. Dann ging sie zu Gretel, rüttelte sie wach und rief: »Steh auf, Faulenzerin, trag Wasser und koch deinem Bruder etwas Gutes, der sitzt draußen im Stall und soll fett werden. Wenn er fett ist, so will ich ihn essen.« Gretel fing an bitterlich zu weinen, aber es war alles vergeblich, sie mußte tun, was die böse Hexe verlangte.

Nun ward dem armen Hänsel das beste Essen gekocht, aber Gretel bekam nichts als Krebsschalen. Jeden Morgen schlich die Alte zu dem Ställchen und rief: »Hänsel, streck deine Finger heraus, damit ich fühle, ob du bald fett bist.« Hänsel streckte ihr aber ein Knöchlein heraus, und die Alte, die trübe Augen hatte, konnte es nicht sehen und meinte, es wären

Hänsels Finger, und verwunderte sich, daß er gar nicht fett werden wollte. Als vier Wochen herum waren und Hänsel immer mager blieb, da überkam sie die Ungeduld, und sie wollte nicht länger warten. »Heda, Gretel«, rief sie dem Mädchen zu, »sei flink und trag Wasser: Hänsel mag fett oder mager sein, morgen will ich ihn schlachten und kochen.« Ach, wie jammerte das arme Schwesterchen, als es das Wasser tragen mußte, und wie flossen ihm die Tränen über die Backen herunter! »Lieber Gott, hilf uns doch«, rief sie aus, »hätten uns nur die wilden Tiere im Wald gefressen, so wären wir doch zusammen gestorben.« — »Spar nur dein Geplärre«, sagte die Alte, »es hilft dir alles nichts.«

Frühmorgens mußte Gretel heraus, den Kessel mit Wasser aufhängen und Feuer anzünden. »Erst wollen wir backen«, sagte die Alte, »ich habe den Backofen schon eingeheizt und den Teig geknetet!« Sie stieß das arme Gretel hinaus zu dem Backofen, aus dem die Feuerflammen schon herausschlugen. »Kriech hinein«, sagte die Hexe, »und sieh zu, ob recht eingeheizt ist, damit wir das Brot hineinschieben können.« Und wenn Gretel darin war, wollte sie den Ofen zumachen, und Gretel sollte darin braten, und dann wollte sie's auch aufessen. Aber Gretel merkte, was sie im Sinn hatte, und sprach: »Ich weiß nicht, wie ich's machen soll; wie komm' ich da hinein?« — »Dumme Gans«, sagte die Alte, »die Öffnung ist groß genug, siehst du wohl, ich könnte selbst hinein«, krabbelte heran und steckte den Kopf in den Backofen. Da gab ihr Gretel einen Stoß, daß sie weit hineinfuhr, machte die eiserne Tür zu und schob den Riegel vor. Hu! da fing sie an zu heulen, ganz grauselig; aber Gretel lief fort, und die gottlose Hexe mußte elendiglich verbrennen.

Gretel aber lief schnurstracks zum Hänsel, öffnete sein Ställchen und rief: »Hänsel, wir sind erlöst, die alte Hexe ist tot!« Da sprang Hänsel heraus, wie ein Vogel aus dem Käfig, wenn ihm die Tür aufgemacht wird. Wie haben sie sich gefreut, sind sich um den Hals gefallen, sind herumgesprungen und haben sich geküßt! Und weil sie sich nicht mehr zu fürchten brauchten, so gingen sie in das Haus der Hexe hinein, da standen in allen Ecken Kästen mit Perlen und Edelsteinen. »Die sind noch besser als Kieselsteine«, sagte Hänsel und steckte in seine Taschen, was hinein wollte, und Gretel sagte: »Ich will auch etwas mit nach Haus bringen«, und füllte sich sein Schürzchen voll. »Aber jetzt wollen wir fort«, sagte Hänsel, »damit wir aus dem Hexenwald herauskommen.« Als sie aber ein paar Stunden gegangen waren, gelangten sie an ein großes Wasser. »Wir können nicht hinüber«, sprach Hänsel, »ich seh' keinen Steg und keine Brücke.« — »Hier fährt auch kein Schiffchen«, antwortete Gretel, »aber da schwimmt eine weiße Ente; wenn ich die bitte, so hilft sie uns hinüber.« Da rief sie:

>»Entchen, Entchen,
da stehn Gretel und Hänsel.
Kein Steg und keine Brücken,
nimm uns auf deinen weißen Rücken.«

Das Entchen kam auch heran, und Hänsel setzte sich auf und bat sein Schwesterchen, sich zu ihm zu setzen. »Nein«, antwortete Gretel, »es wird dem Entchen zu schwer, es soll uns nacheinander hinüberbringen.« Das tat das gute Tierchen, und als sie glücklich drüben waren und ein Weilchen fortgingen, da kam ihnen der Wald immer bekannter und immer bekannter vor, und endlich erblickten sie von weitem ihres Vaters Haus. Da fingen sie an zu laufen, stürzten in die Stube hinein und fielen ihrem Vater um den Hals. Der Mann hatte keine frohe Stunde gehabt, seitdem er die Kinder im Walde gelassen hatte, die Frau aber war gestorben. Gretel schüttete sein Schürzchen aus, daß die Perlen und Edelsteine in der Stube herumsprangen, und Hänsel warf eine Handvoll nach der anderen aus seiner Tasche dazu. Da hatten alle Sorgen ein Ende, und sie lebten in lauter Freude zusammen. Mein Märchen ist aus, dort läuft eine Maus, wer sie fängt, darf sich eine große, große Pelzkappe daraus machen.

Hänsel und Gretels Entlarvung oder Eine Episode aus der Geschichte des Präfaschismus

Das Märchen »Hänsel und Gretel« muß man wie eine Kriminalgeschichte lesen. Der freundliche Ton, in dem es gewöhnlich erzählt wird, und die Selbstverständlichkeit, mit der die Märchen-Tradition den Aussagen der Beteiligten Glauben schenkt, lenkt von der Tatsache ab, daß hier nicht ein, sondern zwei Verbrechen geschildert werden, von denen das zweite allerdings als »Notwehr« entschuldigt zu sein scheint. Worum handelt es sich?
Zwei Kinder eines armen Holzhackers werden — auf Anstiften der Mutter — von den beiden Eltern gemeinsam im Walde in der Absicht zurückgelassen, sie dem Hungertode preiszugeben. Der erste Mordanschlag der Eltern mißlingt dank der List des Knaben Hänsel, der den Rückweg heimlich mit Kieselsteinen markiert und so seine Schwester und sich selbst sicher nach Hause zurückführen kann. Beim zweiten Mordversuch mißlingt die Wegmarkierung, weil die Vögel die zur Kennzeichnung des Pfades benützten Brotkrumen weggefressen haben. Die Kinder verirren sich. Soweit geht die Beschreibung des ersten Kriminalfalles, der auch vom traditionellen Märchenerzähler mißbilligt wird, wobei die Anstifterrolle der Frau die Mitschuld des Mannes offensichtlich herabmildern soll. Juristisch gesehen, liegt allerdings eindeutig eine *gemeinsam* begangene Straftat vor, die nur deshalb nicht als glatter Mordversuch bezeichnet werden dürfte, weil der tödliche Ausgang der Aussetzung im Wald ungewiß war. Das Vertrauen der Kinder zu rechtsstaatlichen Institutionen scheint so gering gewesen zu sein, daß eine Anzeige des ersten elterlichen Mordanschlags gar nicht in ihre Erwägungen einbezogen wurde. Man kann das auf Furcht und übertriebene Autoritätsgläubigkeit gegenüber den Eltern zurückführen oder auch auf vollständig fehlendes Unrechtsbewußtsein. Die Kinder empfanden sich offenbar ständig in einem Freund-Feind-Verhältnis zu den Eltern. Daß sie selbst vor Ver-

brechen kaum weniger zurückschreckten als diese, zeigt der zweite Teil der Erzählung.

Man muß gewiß für das, was folgt, die Tatsache berücksichtigen, daß Hänsel und Gretel unter extrem ungünstigen sozialen Bedingungen in einem notleidenden Elternhaus und einer offenbar höchst unharmonischen Ehe aufwuchsen. Dennoch geht der Märchenerzähler zu weit, wenn er alles, was Hänsel und Gretel tun, als berechtigt und selbstkritisch darstellt. Der zweite Märchenteil muß mit kritischer Skepsis gelesen werden. Was dort erzählt wird, dürfte ausschließlich auf dem Bericht der beiden Kinder beruhen, die natürlich alles Interesse haben mußten, ihre Tat im günstigsten Licht erscheinen zu lassen. Was berichten sie? »Nach langem Umherirren kamen wir endlich an ein Häuschen, das war aus lauter Brot gebaut, hatte Fenster aus Zuckerguß und Lebkuchen als Ziegel. Da wir so schrecklich hungrig waren, machten wir uns sogleich daran, von diesem Haus zu essen. Da klang vom Inneren des Hauses eine Stimme: ›Knusper, knusper knäuschen, wer knuspert an meinem Häuschen?‹[1] Wir konnten uns nicht vorstellen, von wem diese Stimme kam und antworteten ›Der Wind, der Wind, das himmlische Kind.‹ Als wir die Stimme das dritte Mal gehört und das dritte Mal geantwortet hatten, trat plötzlich eine böse, alte Hexe aus dem Haus und bat uns, hereinzukommen.« Halt, möchte man den Kindern hier zurufen, woher wißt ihr denn, daß die alte Frau eine Hexe war? Aber auf diese Frage wissen sie keine Antwort. Allenfalls: »Sie sah eben wie eine Hexe aus.« »Aber, woher wißt ihr denn, wie Hexen aussehen?« könnte man erwidern.

[1] Mein Kollege Karl Deutsch (Harvard) weist mich dankenswerterweise auf die Möglichkeit hin, die von den Brüdern Grimm überlieferte Formel »knusper, knusper knäuschen, wer knuspert an meinem Häuschen?« als Ausdruck wachsenden Mißtrauens grundbesitzender Klassen gegenüber dem Versuch einer sozialpolitischen Umschichtung der Besitzverhältnisse zu interpretieren. So plausibel diese Anregung auf den ersten Blick auch erscheinen mag, so wenig vermag ich ihr zu folgen. Wenn man daran denkt, daß das Märchen in der vorliegenden Form spätestens gegen Ende des 18. Jahrhunderts entstanden sein muß, läßt sich diese Deutung nur als extrem anachronistisch bezeichnen. Von sozialreformerischen Tendenzen, die sich gegen die Besitzbourgeoisie richten, konnte damals, noch vor Beginn der politischen Herrschaft der Bourgeoisie, keine Rede sein. Vielleicht ist es aber kein Zufall, daß in den USA, denen vorkapitalistische Verhältnisse so gut wie vollständig unbekannt geblieben sind, die oben erwähnte Deutung entstehen konnte.

Und hier würde das Gespräch vermutlich enden. Denn niemand hat bisher eine Hexe gesehen, weil es nämlich keine Hexen gibt. Die Leute in ihrem Dorf behaupteten vielleicht von einer rothaarigen armen Witwe oder von umherreisenden Zigeunerinnen, sie seien Hexen. Sie taten das nur deshalb, weil diese Menschen anders aussahen und sich anders verhielten als die meisten im Dorf und weil es ihnen nicht paßte, daß es Menschen gab, die anders sind. Solche Vorurteile hatten Hänsel und Gretel vermutlich im Elternhaus und im Dorf in sich aufgenommen, und nun erblicken sie in einer alten, gebückt gehenden, häßlichen Frau einfach eine Hexe. Die alte Frau nahm sie, wie die Geschwister selbst zugegeben haben, freundlich auf, gab ihnen zu essen und zu trinken und brachte sie in schöne, weiche Betten. Bis hierher mag die Erzählung im wesentlichen zutreffen, wenn man einmal von der voreiligen Behauptung, die alte Frau sei eine Hexe, absehen will; was aber weiter behauptet wird, hält einer kritischen Untersuchung kaum stand. Gretel will nämlich am nächsten Morgen früh geweckt und in barschem Ton zur Hausarbeit angehalten worden sein, während Hänsel zum Mästen von der Hexe in einen Gänsestall gesperrt worden sei. Der Bericht ist unglaubhaft. Einmal, weil die alte Frau nach dem Eingeständnis der Geschwister selbst extrem kurzsichtig und schwach war und somit kaum instande gewesen wäre, den kräftigen und geschickten Knaben einzusperren, zum andern, weil nicht recht verständlich gemacht werden kann, warum sie den Knaben und nicht das gewiß weit zartere und wohlschmeckendere Mädchen verspeisen wollte. Kurz gesagt, es besteht Anlaß zu der Vermutung, daß die Einsperr- und Mäst-Geschichte glatt erfunden ist und lediglich die Tatsache beschönigen soll, daß die Geschwister ein paar Wochen später die alte Frau umgebracht und beraubt haben. Als offenbare Fakten muß man nämlich ansehen, daß nach vier Wochen Hans und Grete eine Gelegenheit nutzten, die alte Frau in den Backofen zu schieben und zu verbrennen. Als diese Tat begangen war, raubten die Geschwister das Haus aus und kehrten mit Edelsteinen und Gold beladen zu ihrem Vater zurück. Die böse Mutter war inzwischen gestorben, und der Vater gründete mit den von seinen Kin-

dern geraubten Schätzen eine selbständige Unternehmung mit Lohnarbeitern. Er gliederte sich damit erfolgreich in den frühkapitalistischen Produktionsprozeß ein, an dessen unterem Rande er vorher Not gelitten hatte.
Der wohlwollende Leser könnte zunächst geneigt sein, die Tat der solidarisch sich empörenden Kinder als anarchistischen Akt der Aufbäumung zu interpretieren. Ohne Kenntnis des ökonomischen Systems, in dem sie lebten, hätten die Kinder — wie viele Zeitgenossen — nur die ungleiche Verteilung der Konsum- und Einkommensverhältnisse (also die Disproportionen in der Distributionssphäre, nicht im Sektor der Produktion selbst) und in ihrem an der alten Frau begangenen Raub ein Stück gerechter Umverteilung gesehen. Das wirkliche Resultat ihrer Aktion war freilich wie das bei anarchistischen Taten häufig zu sein pflegt — das Gegenteil von dem, was sie mehr oder minder bewußt anstrebten. Der Gold- und Edelsteinvorrat, der bei der einsamen alten Frau lediglich ein toter Schatz gewesen war, verwandelt sich in der Hand des Vaters in fungierendes Kapital, in Produktionsmittel, die, mit Hilfe von Lohnarbeit in Gang gesetzt, zur weiteren Entfaltung des gleichen Wirtschaftssystems dienten, das die extreme Armut des lohnabhängigen Holzhackers (durch die im Märchen erwähnte Teuerung) bewirkt hatte. Man könnte von einer unheilvollen Dialektik der anarchistischen Aktion sprechen. Sehr viel wahrscheinlicher aber ist, daß die Kinder einfach reich werden wollten und die Chance nutzten, eine alte, hilflose Frau, die obendrein als Hexe diffamiert werden konnte, auszurauben. Das besonders Abstoßende an ihrer Tat war einmal die absurde Verleumdung, die alte Frau habe den Hänsel gemästet, um ihn später zu schlachten, und zum anderen die Diffamierung dieser Frau als Hexe. Was den angeblich von ihr geplanten Mord an Gretel angeht, so kann man auch ihn kaum als glaubhaft erwiesen ansehen. Wäre die alte Frau wirklich eine Hexe gewesen, dann hätte man sie kaum durch einen Knochen überlisten und ins Feuer schieben können.
Noch beunruhigender als die Jugendkriminalität in so früher Zeit ist aber die Tatsache, daß das Märchen von Hänsel und Gretel, seit anderthalb Jahrhunderten als eins der schönsten und bekanntesten Volksmärchen lite-

rarisch fixiert, bisher noch kaum unter eine kritische Lupe genommen worden ist. Die Schutzbehauptung der Kinder, man habe Hänsel eingesperrt und Gretel umbringen wollen, wurde offenbar geglaubt. Vermutlich hatte die ungewohnt gute Beköstigung bei Hänsel schon in wenigen Wochen zu einer erheblichen Gewichtszunahme geführt, die von den Kindern auf diese Weise plausibel erklärt werden sollte, während sie doch in Wahrheit für die großzügige Güte der einsamen alten Frau sprach. Vor allem aber hinderte das populäre Vorurteil, es gebe Hexen und diese dürfe man ungestraft töten, eine gerichtliche Untersuchung und die moralische Ablehnung des Verhaltens der Kinder. Das Märchen »Hänsel und Gretel« ist — wenn man alle Umstände berücksichtigt — eindeutig eine »präfaschistische Pogrom-Story«. Das soziale Milieu, dem die Tat entspringt (verarmtes Kleinbürgertum, das durch die Entwicklung der kapitalistischen Produktionsverhältnisse bedroht wird), die psychische Struktur der Täter und ihrer Eltern, der Sozialdarwinismus der Mutter: wenn wir überleben wollen, müssen die Kinder sterben, und die Skrupellosigkeit, mit der Gretel die wehrlose Frau in den Ofen schiebt, die Enteignung des »Außenseiters« und die dadurch ermöglichte individuelle Bereicherung der Familienangehörigen, all das sind Züge, die in vergröberter und verschärfter Form im zwanzigsten Jahrhundert wiederauftauchen und die faschistischen Bewegungen namentlich in Deutschland kennzeichnen. Zur Anlegung einer Strafakte »Hänsel und Gretel (Raubmord)« ist es inzwischen zu spät, auch trifft die eigentliche Schuld in diesem Falle die Gesellschaft, die bereits damals kindliche Delinquenz erzeugte, aber die beschönigende Darstellung ihrer Tat, wie der Komplizenschaft des *Vaters* bei den zwei mißlungenen Versuchen des Kindermords, sollte schleunigst revidiert werden.

9. Rumpelstilzchen

Es war einmal ein Müller, der war arm, aber er hatte eine schöne Tochter. Nun traf es sich, daß er mit dem König zu sprechen kam, und um sich ein Ansehen zu geben, sagte er zu ihm: »Ich habe eine Tochter, die kann Stroh zu Gold spinnen.« Der König sprach zum Müller: »Das ist eine Kunst, die mir wohl gefällt. Wenn deine Tochter so geschickt ist, wie du sagst, so bring sie morgen in mein Schloß, da will ich sie auf die Probe stellen.« Als nun das Mädchen zu ihm gebracht ward, führte er es in eine Kammer, die ganz voll Stroh lag, gab ihr Rad und Haspel und sprach: »Jetzt mache dich an die Arbeit, und wenn du diese Nacht durch bis morgen früh dieses Stroh nicht zu Gold versponnen hast, so mußt du sterben.« Darauf schloß er die Kammer selbst zu, und sie blieb allein darin.
Da saß nun die arme Müllerstochter und wußte um ihr Leben keinen Rat: Sie verstand gar nichts davon, wie man Stroh zu Gold spinnen konnte, und ihre Angst ward immer größer, daß sie endlich zu weinen anfing. Da ging auf einmal die Tür auf, und es trat ein kleines Männchen herein und sprach: »Guten Abend, Jungfer Müllerin, warum weint sie so sehr?« — »Ach«, antwortete das Mädchen, »ich soll Stroh zu Gold spinnen und verstehe das nicht.« Sprach das Männchen: »Was gibst du mir, wenn ich dir's spinne?« — »Mein Halsband«, sagte das Mädchen. Das Männchen nahm das Halsband, setzte sich vor das Rädchen, und schnurr, schnurr, schnurr, dreimal gezogen, war die Spule voll. Dann steckte es eine andere auf, und schnurr, schnurr, schnurr, dreimal gezogen, war auch die zweite voll: und so ging's fort bis zum Morgen, da war alles Stroh versponnen, und alle Spulen waren voll Gold. Bei Sonnenaufgang kam schon der König, und als er das Gold erblickte, erstaunte er und freute sich, aber sein Herz ward nur noch goldgieriger. Er ließ die Müllerstochter in eine andere Kammer voll Stroh bringen, die noch viel größer war, und befahl ihr, das auch in einer Nacht zu spinnen, wenn ihr das Leben lieb wäre. Das Mädchen wußte sich nicht zu helfen und weinte, da ging abermals die Tür auf, und das kleine Männchen erschien und sprach: »Was gibst du mir, wenn ich dir das Stroh

zu Gold spinne?« — »Meinen Ring von dem Finger«, antwortete das Mädchen. Das Männchen nahm den Ring, fing wieder an zu schnurren mit dem Rade und hatte bis zum Morgen alles Stroh zu glänzendem Gold gesponnen. Der König freute sich über die Maßen bei dem Anblick, war aber noch immer nicht Goldes satt, sondern ließ die Müllerstochter in eine noch größere Kammer voll Stroh bringen und sprach: »Die mußt du noch in dieser Nacht verspinnen: Gelingt dir's aber, so sollst du meine Gemahlin werden.« — »Wenn's auch eine Müllerstochter ist«, dachte er, »eine reichere Frau finde ich in der ganzen Welt nicht.« Als das Mädchen allein war, kam das Männlein zum drittenmal wieder und sprach: »Was gibst du mir, wenn ich dir noch diesmal das Stroh spinne?« — »Ich habe nichts mehr, das ich geben könnte«, antwortete das Mädchen. »So versprich mir, wenn du Königin wirst, dein erstes Kind.« — »Wer weiß, wie das noch geht«, dachte die Müllerstochter und wußte sich auch in der Not nicht anders zu helfen; sie versprach also dem Männchen, was es verlangte, und das Männchen spann dafür noch einmal das Stroh zu Gold. Und als am Morgen der König kam und alles fand, wie er gewünscht hatte, so hielt er Hochzeit mit ihr, und die schöne Müllerstochter ward eine Königin.

Über ein Jahr brachte sie ein schönes Kind zur Welt und dachte gar nicht mehr an das Männchen: Da trat es plötzlich in ihre Kammer und sprach: »Nun gib mir, was du versprochen hast.« Die Königin erschrak und bot dem Männchen alle Reichtümer des Königreichs an, wenn es ihr das Kind lassen wollte. Aber das Männlein sprach: »Nein, etwas Lebendes ist mir lieber als alle Schätze der Welt.« Da fing die Königin so an zu jammern und zu weinen, daß das Männchen Mitleid mit ihr hatte: »Drei Tage will ich dir Zeit lassen«, sprach es, »wenn du bis dahin meinen Namen weißt, so sollst du dein Kind behalten.«

Nun besann sich die Königin die ganze Nacht über auf alle Namen, die sie jemals gehört hatte, und schickte einen Boten über Land, der sollte sich erkundigen weit und breit, was es sonst noch für Namen gäbe. Als am andern Tag das Männchen kam, fing sie an mit Kaspar, Melchior, Balzer und sagte alle Namen, die sie wußte, nach der Reihe her, aber bei jedem sprach das Männlein: »So heiß' ich nicht.« Den zweiten Tag ließ sie in der Nachbarschaft herumfragen, wie die Leute da genannt würden, und sagte dem Männlein die ungewöhnlichsten und seltsamsten Namen vor: »Heißt du vielleicht Rippenbiest oder Hammelswade oder Schnürbein?«, aber es antwortete immer: »So heiß' ich nicht.« Den dritten Tag kam der Bote wieder zurück und erzählte: »Neue Namen habe ich keinen einzigen finden können, aber wie ich an einen hohen Berg um die Waldecke kam, wo Fuchs und Has' sich gute Nacht sagen, so sah ich da ein kleines Haus, und vor dem Haus brannte ein Feuer, und um das Feuer sprang ein gar zu lächerliches Männchen, hüpfte auf einem Bein und schrie:

>Heute back' ich, morgen brau' ich,
übermorgen hol' ich der Königin ihr Kind;
ach, wie gut ist, daß niemand weiß,
daß ich Rumpelstilzchen heiß'!<«

Da könnt ihr denken, wie die Königin froh war, als sie den Namen hörte, und als bald hernach das Männlein hereintrat und fragte: »Nun, Frau Königin, wie heiß' ich?« fragte sie erst: »Heißest du Kunz?« — »Nein.« — »Heißest du Heinz?« — »Nein.«

»Heißt du etwa Rumpelstilzchen?«

»Das hat dir der Teufel gesagt, das hat dir der Teufel gesagt«, schrie das Männlein und stieß mit dem rechten Fuß vor Zorn so tief in die Erde, daß es bis an den Leib hineinfuhr, dann packte es in seiner Wut den linken Fuß mit beiden Händen und riß sich selbst mitten entzwei.

Rumpelstilzchen und die Frankfurter Schule

Was, so wird man fragen, soll denn Rumpelstilzchen mit Theodor W. Adorno zu tun haben oder mit Max Horkheimer? Wie mir scheint, eine ganze Menge. Wollte ich mir die Sache leichtmachen, würde ich darauf hinweisen, daß für Ausländer der Name Rumpelstilzchen so schwer auszusprechen wie die Dialektik Hegels zu verstehen ist. Aber es gibt noch mehr Zusammenhänge, und nicht bloß oberflächliche.

Das Märchen vom Rumpelstilzchen spielt offenbar im Zeitalter des Merkantilismus, als die Könige wie besessen waren auf Erzielung eines Überschusses an Gold und Silber im eigenen Lande, und als sie Unsummen dafür ausgaben, künstlich Gold zu machen. Damals sperrte der sächsische Kurfürst den Alchimisten Böttger ein, damit er Gold erzeuge; der aber erfand das Porzellan und verschaffte der kurfürstlichen Manufaktur einen noch heute von seinen politischen Erben benutzten Exportartikel. In dieser Zeit steckte die kapitalistische Marktwirtschaft in ihren Anfängen und konnte ihr Geheimnis noch nicht durchschaut werden. Von diesem Geheimnis erzählt das Märchen vom Rumpelstilzchen.

Ein wichtigtuerischer Mann, der sich bei seinem König beliebt machen wollte, behauptet, seine Tochter könne Stroh zu Gold spinnen. Prompt wird die Tochter eingesperrt und soll eine ganze Kammer Stroh in Gold verwandeln. In ihrer Hilflosigkeit springt ihr »ein kleines Männchen« bei, das die Arbeit für sie erledigt. Wer ist das? Ein Alchimist? Ein Zauberer? In Wahrheit kann es niemand andres gewesen sein als der »Geist des Kapitalismus« oder »das Wesen der kapitalistischen Warenproduktion«, der »sich selbst vermehrende Wert«. Das alles freilich in einer unentwickelten, von magischen Wesen kaum zu unterscheidenden Gestalt.

Natürlich kann man aus Stroh Gold machen. Man muß es nur — mit Hilfe von Lohnarbeit — verwandeln und die so erzeugte Ware auf einen geeigneten Markt bringen, wo sie sich in Geld (Gold) eintauschen läßt. Es ist auch möglich, diesen Prozeß zu beschleunigen, indem man im Hinblick auf den künftig zu erzielenden Profit einen Bankkredit aufnimmt, oder einen Wechsel auf einen Schuldner ausstellt. Das Märchen zieht diese Vorgänge metaphorisch in eine Nacht und ihre Arbeit zusammen, wodurch wohl der »undurchsichtige Charakter« des wirtschaftlichen Mechanismus der Mehrwertproduktion angedeutet werden soll.

Der Erfolg der ersten Nachtarbeit läßt die Begehrlichkeit des Königs nur noch mehr wachsen, und er sperrt das Mädchen abermals, diesmal in einen größeren Raum mit mehr Stroh, ein. Wiederum kommt ihm das kleine Männlein zu Hilfe und »spinnt alles Stroh zu Gold«. Als es aber in der dritten Nacht wiederkommt und das Mädchen vor einem noch größeren Strohhaufen sitzt, fordert das Männlein für seine Arbeit als Lohn das erste Kind, das es zur Welt bringen werde. In seiner Not – der König hatte ihm nämlich den Tod angedroht, falls es nicht mit der Arbeit fertig würde, sonst aber seinen Sohn als Mann in Aussicht gestellt – verspricht es diese Gabe und kann am Morgen wiederum eine ganze Kammer voll Gold vorweisen.

Mit seiner unmenschlichen Forderung gibt sich das kleine Männlein zu erkennen, als menschenbluttrinkender Geist des Kapitalismus zeigt es seine bestialische Seite. Auf der Ausbeutung von Lohnarbeitern und auf der Entmenschlichung von Unternommenen wie Unternehmern beruht ja dieses – damals noch junge – Wirtschaftssystem. Wer sich ihm mit Leib und Seele hingibt, so kann man das Versprechen des Mädchens deuten, verzichtet damit auf Mutterfreuden wie auf Freundlichkeit und Liebe, der muß hart und unerbittlich werden, wie es das kleine Männlein schon ist.

Bis hierhin ist das Märchen realistisch, jenseits dieses Punktes beginnt seine optimistische Utopie. Das Mädchen erhält den Königssohn zum Gemahl, und nach einem Jahr gebiert es einen Sohn. Eines Nachts kommt das kleine Männlein und fordert das Kind. Auf Bitten und Flehen der Mutter willigt es aber ein, auf sein Recht zu verzichten, falls es ihr gelinge, binnen einer Woche seinen Namen zu erraten. In zweifacher Hinsicht ist dieser Bericht utopisch.

Einmal kann der »Geist des Kapitalismus«, der kalten Rechenhaftigkeit, des Prinzips des formalen Äquivalententauschs, gar nicht Ausnahmen zulassen und auf sein Recht verzichten. Strengstes Recht (z. B. Schuld- und Wechselrecht) ist die notwendige Voraussetzung eines berechenbaren Geschäftsgangs, wo es nicht existiert, kann sich der Kapitalismus auch nicht entfalten. Zum anderen aber ist es vollends utopisch anzunehmen, das bloße »Beimnamennennen« könne seinen Zauber bereits brechen und Menschlichkeit wiederherstellen.

Beides aber ereignet sich im »Rumpelstilzchen«. Zwar nimmt der Märchenerzähler an, daß Rumpelstilzchen — seines unaussprechlich-schwierigen Namens wegen — fest an die Unmöglichkeit des Erratens glaubt, aber immerhin stellt sein Versprechen doch ein Aufgeben des strengen Wechselrechts dar. Das Mädchen hat ihm gleichsam einen Wechsel auf das erstgeborene Kind ausgestellt, den das Männlein ordnungsgemäß am Verfalltag präsentiert hat und auf dessen Honorierung es nun — wenn auch unter, wie es meint, nicht zu erfüllenden Bedingungen — verzichtet.

Durch den Zufall, daß ihr Späher Rumpelstilzchen belauscht und aus seinem eigenen Munde den Namen erfährt, gelangt die junge Prinzessin in den Besitz seines Geheimnisses und kann es aussprechen. Damit wird es von seiner vertraglichen Verpflichtung frei und kann leben, als ob es sich nie mit dem »Geist des Kapitalismus« eingelassen hätte.

Und die »Frankfurter Schule?« Ihr kritisches Schlüsselwort heißt zwar nicht »Rumpelstilzchen«, sondern verzaubernde Macht der warenproduzierenden Wirtschaft, Warenfetischismus, Geldschleier oder so ähnlich, aber wie das zur Prinzessin aufgestiegene Mädchen im Märchen vom Rumpelstilzchen glaubt (oder glaubte) sie fest daran, daß es genüge, diesen Namen in kritischer Absicht auszusprechen, um sich vom Druck der alles beherrschenden Produktionsweise — wenigstens im Bewußtsein, und dort lebt die Schule natürlich vor allem — zu befreien. Die Magie des kritischen Wortes hat das Märchen überlebt[1]. Und wer hat der Schule das Geheim-

---

[1] In der »Dialektik der Aufklärung« von Max Horkheimer und Th. W. Adorno, Amsterdam 1947, findet sich im Essay »Mensch und Tier«, der von Max

nis ausgeplaudert? Rumpelstilzchen selbst, der kapitalistische Geist in seinen ätherischsten und sublimsten Erscheinungsformen in Philosophie, Kunst, Musik und Literatur. Die sensiblen Späher der Schule haben ihn belauscht und sprechen unerschrocken sein Geheimnis aus. Vergessen wir nicht, daß schon das seinerzeit nicht immer gefahrlos war.

Horkheimer stammt, ein Passus, der die Bedeutung des »erlösenden Spruchs« (also des Zauberwortes »Rumpelstilzchen«) zwar nur für die stumme und vernunftlose Welt der Tiere beschreibt, gewiß aber auch für die verzauberte Welt der kapitalistischen Produktionsweise gemeint ist: »o bannt Mangel an Vernunft das Tier auf ewig in seine Gestalt, es sei denn, daß der Mensch, der durch Vergangenes mit ihm eins ist, den erlösenden Spruch findet und durch ihn das steinerne Herz der Unendlichkeit am Ende der Zeiten erweicht« (S. 297).

Dritter Teil

Sexuelle Probleme
von Königstöchtern

1. Der Froschkönig oder der eiserne Heinrich

In den alten Zeiten, wo das Wünschen noch geholfen hat, lebte ein König, dessen Töchter waren alle schön, aber die jüngste war so schön, daß die Sonne selbst, die doch so vieles gesehen hat, sich verwunderte, sooft sie ihr ins Gesicht schien. Nahe bei dem Schlosse des Königs lag ein großer dunkler Wald, und in dem Wald unter einer alten Linde war ein Brunnen: wenn nun der Tag sehr heiß war, so ging das Königskind hinaus in den Wald und setzte sich an den Rand des kühlen Brunnens; und wenn sie Langeweile hatte, so nahm sie eine goldene Kugel, warf sie in die Höhe und fing sie wieder; und das war ihr liebstes Spielwerk.

Nun trug es sich einmal zu, daß die goldene Kugel der Königstochter nicht in ihr Händchen fiel, das sie in die Höhe gehalten hatte, sondern vorbei auf die Erde schlug und geradezu ins Wasser hineinrollte. Die Königstochter folgte ihr mit den Augen nach, aber die Kugel verschwand, und der Brunnen war tief, so tief, daß man keinen Grund sah. Da fing sie an zu weinen und weinte immer lauter und konnte sich gar nicht trösten. Und wie sie so klagte, rief ihr jemand zu: »Was hast du vor, Königstochter, du schreist ja, daß sich ein Stein erbarmen möchte.« Sie sah sich um, woher die Stimme käme, da erblickte sie einen Frosch, der seinen dicken häßlichen Kopf aus dem Wasser streckte. »Ach, du bist's, alter Wasserpatscher«, sagte sie, »ich weine über meine goldene Kugel, die mir in den Brunnen hinabgefallen ist.« — »Sei still und weine nicht«, antwortete der Frosch, »ich kann wohl Rat schaffen, aber was gibst du mir, wenn ich dein Spielwerk wieder heraufhole?« — »Was du haben willst, lieber Frosch«, sagte sie, »meine Kleider, meine Perlen und Edelsteine, auch noch die goldene Krone, die ich trage.« Der Frosch antwortete: »Deine Kleider, deine Perlen und Edelsteine und deine goldene Krone, die mag ich nicht: aber wenn du mich liebhaben willst, und ich soll dein Geselle und Spielkamerad sein, an deinem Tischlein neben dir sitzen, von deinem goldenen Tellerlein essen, aus deinem Becherlein trinken, in deinem Bettlein schlafen: wenn du mir das versprichst, so will ich hinuntersteigen und dir die goldene Kugel wieder heraufholen.« — »Ach ja«, sagte sie, »ich

verspreche dir alles, was du willst, wenn du mir nur die Kugel wiederbringst.« Sie dachte aber: »Was der einfältige Frosch schwätzt, der sitzt im Wasser bei seinesgleichen und quakt und kann keines Menschen Geselle sein.«
Der Frosch, als er die Zusage erhalten hatte, tauchte seinen Kopf unter, sank hinab, und über eine Weile kam er wieder heraufgerudert; hatte die Kugel im Maul und warf sie ins Gras. Die Königstochter war voll Freude, als sie ihr schönes Spielwerk wieder erblickte, hob es auf und sprang damit fort. »Warte, warte«, rief der Frosch, »nimm mich mit, ich kann nicht so laufen wie du.« Aber was half ihm, daß er ihr sein Quak-quak so laut nachschrie, als er konnte! Sie hörte nicht darauf, eilte nach Haus und hatte bald den armen Frosch vergessen, der wieder in seinen Brunnen hinabsteigen mußte.

Am andern Tage, als sie mit dem König und allen Hofleuten sich zur Tafel gesetzt hatte und von ihrem goldenen Tellerlein aß, da kam, plitsch-platsch, plitsch-platsch, etwas die Marmortreppe heraufgekrochen, und als es oben angelangt war, klopfte es an der Tür und rief: »Königstochter, jüngste, mach mir auf.« Sie lief und wollte sehen, wer draußen wäre, als sie aber aufmachte, so saß der Frosch davor. Da warf sie die Tür hastig zu, setzte sich wieder an den Tisch, und es war ihr ganz angst. Der König sah wohl, daß ihr Herz gewaltig klopfte, und sprach: »Mein Kind, was fürchtest du dich, steht etwa ein Riese vor der Tür und will dich holen?« — »Ach nein«, antwortete sie, »es ist kein Riese, sondern ein garstiger Frosch.« — »Was will der Frosch von dir?« — »Ach, lieber Vater, als ich gestern im Wald bei dem Brunnen saß und spielte, da fiel meine goldene Kugel ins Wasser. Und weil ich so weinte, hat sie der Frosch wieder heraufgeholt, und weil er es durchaus verlangte, so versprach ich ihm, er sollte mein Geselle werden, ich dachte aber nimmermehr, daß er aus seinem Wasser heraus könnte. Nun ist er draußen und will zu mir herein.« Indem klopfte es zum zweitenmal und rief:

> »Königstochter, jüngste,
> mach mir auf,
> weißt du nicht, was gestern
> du zu mir gesagt
> bei dem kühlen Brunnenwasser?
> Königstochter, jüngste,
> mach mir auf.«

Da sagte der König: »Was du versprochen hast, das mußt du auch halten; geh nur und mach ihm auf.« Sie ging und öffnete die Tür, da hüpfte der Frosch herein, ihr immer auf dem Fuße nach, bis zu ihrem Stuhl. Da saß er und rief: »Heb mich herauf zu dir.« Sie zauderte, bis es endlich der König befahl. Als der Frosch erst auf dem Stuhl war, wollte er auf den Tisch, und als er da saß, sprach er: »Nun schieb mir dein goldenes Tellerlein näher, damit wir zusammen essen.« Das tat sie zwar, aber man sah wohl, daß sie's nicht gerne tat. Der Frosch ließ sich's gut schmecken, aber ihr blieb fast jedes Bißlein im Halse. Endlich sprach er: »Ich habe mich satt gegessen und bin müde, nun trag mich in dein Kämmerlein und mach dein seiden Bettlein zurecht, da wollen wir uns schlafen legen.« Die Königstochter fing an zu weinen und fürchtete sich vor dem kalten Frosch, den sie nicht anzurühren getraute, und der nun in ihrem schönen reinen Bettlein schlafen sollte. Der König aber ward zornig und sprach: »Wer dir geholfen hat, als du in der Not warst, den sollst du hernach nicht verachten.« Da packte sie ihn mit zwei Fingern, trug ihn hinauf und setzte ihn in eine Ecke. Als sie aber im Bette lag, kam er gekrochen und sprach: »Ich bin müde, ich will schlafen so gut wie du: Heb mich hinauf, oder ich sag's deinem Vater.« Da ward sie erst bitterböse, holte ihn herauf und warf ihn aus allen Kräften wider die Wand. »Nun wirst du Ruhe haben, du garstiger Frosch.«

Als er aber herabfiel, war er kein Frosch, sondern ein Königssohn mit schönen freundlichen Augen. Der war nun nach ihres Vaters Willen ihr lieber Geselle und Gemahl. Da erzählte er ihr, er wäre von einer bösen Hexe verwünscht worden, und niemand hätte ihn aus dem Brunnen erlösen können als sie allein, und morgen wollten sie zusammen in sein Reich gehen. Dann schliefen sie ein, und am andern Morgen, als die Sonne sie aufweckte, kam ein Wagen herangefahren, mit acht weißen Pferden bespannt, die hatten weiße Straußfedern auf dem Kopf und gingen in goldenen Ketten, und hinten stand der Diener des jungen Königs, das war der treue Heinrich. Der treue Heinrich hatte sich so betrübt, als sein Herr war in einen Frosch verwandelt worden, daß er drei eiserne Bande hatte um sein Herz legen lassen, damit es ihm nicht vor Weh und Traurigkeit zerspränge. Der Wagen aber sollte den jungen König in sein Reich abholen; der treue Heinrich hob beide hinein, stellte sich wieder hinten auf und war voller

Freude über die Erlösung. Und als sie ein Stück Weges gefahren waren, hörte der Königssohn, daß es hinter ihm krachte, als wäre etwas zerbrochen. Da drehte er sich um und rief:

»Heinrich, der Wagen bricht.«
»Nein, Herr, der Wagen nicht,
es ist ein Band von meinem Herzen,
das da lag in großen Schmerzen,
als Ihr in dem Brunnen saßt,
als Ihr eine Fretsche (Frosch) wast (wart).

Noch einmal und noch einmal krachte es auf dem Weg, und der Königssohn meinte immer, der Wagen bräche, und es waren doch nur die Bande, die vom Herzen des treuen Heinrich absprangen, weil sein Herr erlöst und glücklich war.

Der Froschkönig oder
Die Überwindung des infantilen Narzißmus

In ihrer Vorrede zur zweiten Auflage der von ihnen gesammelten Märchen schreiben die Brüder Grimm: ... dabei haben wir jeden für das Kindesalter nicht passenden Ausdruck in dieser Auflage sorgfältig gelöscht« (2. 7. 1819). Dieser Hinweis kann bei der wissenschaftlichen Verwirrung eines Märchens wie »Der Froschkönig« weiterhelfen.

Das Märchen erzählt von einer Königstochter, »die so schön war, daß die Sonne selber ... sich verwunderte, sooft sie ihr ins Gesicht schien«. Diese Königstochter pflegte, so heißt es weiter, an einem Brunnen im dunklen Walde, unweit des väterlichen Schlosses, stundenlang ganz allein mit einem goldenen Ball zu spielen. Wenn man bedenkt, daß die junge Dame — wie der Fortgang des Märchens deutlich macht — in heiratsfähigem Alter war, nimmt solch einsames Spiel zumindest wunder. Man kann sich nicht recht vorstellen, daß ein siebzehn- oder achtzehnjähriges Mädchen sich ausschließlich mit einsamem Ballspiel (obendrein mit einem außerordentlich unhandlichen goldenen Ball) die Langeweile vertreibt. Jeder, der auch nur etwas von moderner Psychologie gehört hat, wird daher auf die Diagnose extremer autistischer Narzißmus kommen, und auch die Vermutung, daß es sich bei den »einsamen Spielen der Königstochter« um erotische gehandelt hat, läßt sich kaum von der Hand weisen. Wie im Traum, so sind auch im Märchen Aussagen oft verschlüsselt, und obendrein dürfte das bereits erwähnte Grimmsche Verharmlosungsprinzip ein übriges getan haben, um die Spuren zu verwischen. Kurz: »goldener Ball« ist ein Schlüsselwort, das der Dechiffrierung bedarf.

Die plausibelste Erklärung, die mir bisher begegnet ist, stammt von einem Kenner der hessischen Mundart und der sexuellen Verhaltensweisen des älteren deutschen Hochadels und wird hier — als zumindest denkmögliche Hypothese — referiert. Der »goldene Ball« wäre — nach dieser Hypothese — in Wahrheit ein »goldiger Phallus« gewesen, was das Mädchen selbst oder der hessische Märchenerzähler, die beide des Griechischen unkundig waren, notwendig wie »goldischer Ballus« ausgesprochen haben müssen. »Goldfisch« meint in diesem Zusammenhang natürlich keineswegs das Material, sondern drückt nur die affektive Beziehung der Prinzessin zu ihrem erotischen Spielzeug aus. Wie es aber oft mit mündlich tradierten Geschichten zu geschehen pflegt, wäre auch hier der Ursprungssinn allmählich verlorengegangen (oder auch der zuhörenden Kinder wegen bewußt versteckt worden).

Die dramatischen Begebenheiten, die zur Überwindung der narzißtisch-limitierten Triebentwicklung unserer Königstochter führen, beginnen mit dem Verlust des »goldenen Balles«, der beim Spiel in den Brunnen fällt. Dieser Verlust könnte übrigens auf eine unbewußte Selbstbestrafungsabsicht des jungen Mädchens zurückgehen, das die Sexualtabus seiner Gouvernanten als Über-Ich-Forderungen verinnerlicht und sich seiner heimlichen Spiele wegen schuldig gefühlt hätte. Diese Erklärung steht zwar im Widerspruch zu der in der Folge als manifest liberal sich erweisenden Sexualerziehung von seiten des königlichen Vaters; es könnte aber sehr wohl sein, daß die Königstochter, im erzieherischen Alltag sehr viel stärker der Einwirkung von Gouvernanten und anderem Personal ausgesetzt, deren repressive Sexualmoral verinnerlicht hätte, was nicht nur die Selbstbestrafungsabsicht, sondern auch die im Märchen immer wieder anschaulich geschilderte Berührungsangst gegenüber dem »nackten und nassen Frosch« erklären würde, die einem analogen seelischen Mechanismus sich verdankt.

Die Wende im Triebschicksal der Königstochter wird dadurch eingeleitet, daß sie zur Wiedergewinnung des »goldenen Balles«, und damit ihrer Lust, fremder Hilfe bedarf. Zum ersten Male wird ihr Autismus wenigstens punktuell durchbrochen. Ein in ihren Augen seiner einfachen und unvollständigen Bekleidung wegen als »nackt« erscheinender — »Jüngling aus dem Volk«, den sie verächtlich als »Frosch« bezeichnet, holt das unentbehrliche Spielzeug aus dem Brunnen herauf. Als Belohnung für seine Hilfe begehrt er höchst eindeutig, »Geselle und

Spielkamerad« der Königstochter zu werden. In ihrem narzißtisch übersteigerten Standesdünkel hält die Königstochter einen solchen Wunsch für völlig unrealisierbar und verspricht deshalb leichten Herzens, ihn zu erfüllen, fest davon überzeugt, daß der junge Mann doch immer »im Wasser bei seinesgleichen sitzen und quaken werde«. Mit anderen Worten: in ihren Augen war die Standesschranke ein ausreichender Schutzwall, um sie von der Erfüllung dieses zum Dank gegebenen Versprechens zu dispensieren.

Es kommt aber ganz anders, und zwar einzig und allein deshalb, weil der auf dem Gebiet der Sexualerziehung liberalen Prinzipien zuneigende königliche Vater die Tochter zur Einhaltung ihres Versprechens zwingt. Mit Hilfe eines formal autoritären Befehls versucht der König die sexuelle Verhaltensstörung der Tochter zu überwinden. Er setzt sich bei dieser Gelegenheit über die gewiß auch bei ihm vorhandenen sozialen Vorurteile (gegen den Bauern- oder Fischerknaben) hinweg, weil er die einmalige Chance sieht, seine Tochter aus ihrer autistisch-narzißtischen Befangenheit zu heterosexueller Intersubjektivität zu befreien. Die Berührungsangst des Mädchens wird im Märchen anschaulich geschildert: »Die Königstochter fing an zu weinen und fürchtete sich vor dem kalten Frosch, den sie nicht anzurühren getraute, und der nun in ihrem schönen Bettlein schlafen sollte.« Der König aber, der offenbar sowohl den Charakter des zurückgebrachten töchterlichen Spielzeugs als auch das unbewußte Motiv der Berührungsangst der Prinzessin kennt, insistiert darauf, daß sie ihr Versprechen einhält: »Wer dir geholfen hat, als du in Not warst, den sollst du hernach nicht verachten«, schärft er ihr ein.

Schließlich nimmt die Königstochter den »nassen und kalten Gesellen« mit auf ihr Zimmer, aber auch dort muß der »Frosch« noch einmal mit einer Beschwerde beim König drohen, ehe sie sich endlich dazu herbeiläßt, ihn anzufassen und zu sich ins Bett zu nehmen. An dieser Stelle ist der Märchen-Text wiederum verschlüsselt oder verfälscht. Es heißt, die Königstochter habe den Frosch mit aller Gewalt wider die Wand geworfen, und daraufhin habe er sich schlagartig in einen »Königssohn mit freundlichen Augen« verwandelt. Diese Ver- oder Entzauberung muß und kann gedeutet werden. In dem Augenblick, da sich das junge Mädchen überwand und den jungen Mann berührte, muß es eine Erfahrung gemacht haben, die ihm die Welt und sein Gegenüber auf einmal in andrem Lichte erscheinen ließ. Aus dem garstigen nassen Gesellen wurde ein geliebter und mit liebenden Augen gesehener Partner. In der Formel »Wider-die-Wand-Werfen« ist die Anstrengung ausgedrückt, die es die Prinzessin kostete, ihre (gleichwohl ambivalente) Aversion gegen den »Frosch« zu überwinden. Die Verwandlung schildert in Märchensprache, was Tag für Tag mit jungen Menschen geschieht, die sich ineinander verlieben. Die Tatsache, daß in diesem Prozeß des Sichverliebens der Umschlag aus Abneigung und Haß in Liebe wie auf einen Punkt zusammengedrängt erscheint, erklärt sich daraus, daß die Prinzessin im Grunde schon seit ihrer ersten Begegnung zugleich eine ungemein starke erotische Anziehung verspürt hatte, die sie um so heftiger verdrängte, bis — unter Mithilfe des väterlichen Befehls — eine Lage entstand, in der schließlich die hetero-sexuelle Anziehung über die anerzogenen Sexualtabus und die verfestigte narzißtische Haltung den Sieg davontrug.

Der progressive politische Gehalt dieses Märchens ist mit dem sexualemanzipatorischen aufs engste verbunden. Die Verwandlung des jungen Mannes aus dem Volke (Frosch) in einen »Königssohn mit freundlichen Augen« drückt in verschlüsselter Form nichts anderes aus als die natürliche Ebenbürtigkeit aller Menschen als Liebende. Die kurz zuvor von der Königstochter noch so stark empfundene Standesschranke (»der sitzt im Wasser bei seinesgleichen und quakt«) erweist sich plötzlich als schiere Illusion, und aus den freundlichen Augen ihres Partners sieht sie ein durchaus Ebenbürtiger an. In der Partnerschaft normal entwickelter, heterosexuell empfindender Erwachsener verschwinden Standesunterschiede wie durch einen Zauberspruch — so könnte man die naturrechtliche Botschaft des Märchens formulieren.

Wie in so vielen Fällen hat auch hier die Redaktion des Märchens durch die Brüder Grimm den emanzipatorischen und egalitären Sinn verdeckt, und aus dem unglücklichen narzißtischen Königstöchterlein, das durch seine erste heterosexuelle Erfahrung von seinem Autismus befreit wird, eine alberne Gans gemacht, die sich vor Fröschen fürchtet und nur mit einem echten Königssohn zu Bett gehen will. Der eigentliche »Held« des Märchens bleibt freilich selbst in der Grimmschen Fassung der liberale (bürgerlich-naturrechtlich denkende) König, der — im Gegensatz zu Bertolt Brechts spätkapitalistischem Gutsbesitzer Puntila — human genug ist, um auch in nüchternem Zustand mehr an der sexuellen Befriedigung seiner Tochter als an ihrer standesgemäßen Verheiratung interessiert zu sein.

Allerdings wird das Verdienstvolle dieser Einstellung in der Grimmschen Fassung dadurch gemindert, daß man annehmen könnte, der König habe die reale Verwandlung des plebejischen Frosches in einen echten Königssohn vorausgewußt und nur deshalb auf der Einhaltung des Versprechens insistiert. Unsere wissenschaftliche Märchenverwirrung dient also nebenbei auch der Ehrenrettung eines liberalen Bürgerkönigs, dessen progressive Sexualpädagogik nur oberflächlich durch seine barsche (scheinbar autoritäre) Art verdeckt wurde.

2. Dornröschen

Vor Zeiten war ein König und eine Königin, die sprachen jeden Tag: »Ach, wenn wir doch ein Kind hätten!«, und kriegten immer keins. Da trug sich zu, als die Königin einmal im Bade saß, daß ein Frosch aus dem Wasser ans Land kroch und zu ihr sprach: »Dein Wunsch wird erfüllt werden; ehe ein Jahr vergeht, wirst du eine Tochter zur Welt bringen.« Was der Frosch gesagt hatte, das geschah, und die Königin gebar ein Mädchen, das war so schön, daß der König vor Freude sich nicht zu lassen wußte und ein großes Fest anstellte. Er ladete nicht bloß seine Verwandten, Freunde und Bekannten, sondern auch die weisen Frauen dazu ein, damit sie dem Kind hold und gewogen wären. Es waren ihrer dreizehn in seinem Reiche, weil er aber nur zwölf goldene Teller hatte, von welchen sie essen sollten, so mußte eine von ihnen daheim bleiben. Das Fest ward mit aller Pracht gefeiert, und als es zu Ende war, beschenkten die weisen Frauen das Kind mit ihren Wundergaben: die eine mit Tugend, die andere mit Schönheit, die dritte mit Reichtum, und so mit allem, was auf der Welt zu wünschen ist. Als elfe ihre Sprüche eben getan hatten, trat plötzlich die dreizehnte herein. Sie wollte sich dafür rächen, daß sie nicht eingeladen war, und ohne jemand zu grüßen oder nur anzusehen, rief sie mit lauter Stimme: »Die Königstochter soll sich in ihrem fünfzehnten Jahr an einer Spindel stechen und tot hinfallen.« Und ohne ein Wort weiter zu sprechen, kehrte sie sich um und verließ den Saal. Alle waren erschrocken, da trat die zwölfte hervor, die ihren Wunsch noch übrig hatte, und weil sie den bösen Spruch nicht aufheben, sondern nur ihn mildern konnte, so sagte sie: »Es soll aber kein Tod sein, sondern ein hundertjähriger tiefer Schlaf, in welchen die Königstochter fällt.«

Der König, der sein liebes Kind vor dem Unglück gern bewahren wollte, ließ den Befehl ausgehen, daß alle Spindeln im ganzen Königreiche sollten verbrannt werden. An dem Mädchen aber wurden die Gaben der weisen Frauen sämtlich erfüllt, denn es war so schön, sittsam, freundlich und verständig, daß es jedermann, der es ansah, liebhaben mußte. Es ge-

schah, daß an dem Tage, wo es gerade fünfzehn Jahre alt ward, der König und die Königin nicht zu Haus waren und das Mädchen ganz allein im Schloß zurückblieb. Da ging es allerorten herum, besah Stuben und Kammern, wie es Lust hatte, und kam endlich auch an einen alten Turm. Es stieg die enge Wendeltreppe hinauf und gelangte zu einer kleinen Tür. In dem Schloß steckte ein verrosteter Schlüssel, und als es diesen umdrehte, sprang die Tür auf, und da saß in einem kleinen Stübchen eine alte Frau mit einer Spindel und spann emsig ihren Flachs. »Guten Tag, du altes Mütterchen«, sprach die Königstochter, »was machst du da?« — »Ich spinne«, sagte die Alte und nickte mit dem Kopf. »Was ist das für ein Ding, das so lustig herumspringt?« sprach das Mädchen, nahm die Spindel und wollte auch spinnen. Kaum hatte sie aber die Spindel angerührt, so ging der Zauberspruch in Erfüllung, und sie stach sich damit in den Finger.
In dem Augenblick aber, wo sie den Stich empfand, fiel sie auf das Bett nieder, das da stand, und lag in einem tiefen Schlaf. Und dieser Schlaf verbreitete sich über das ganze Schloß: der König und die Königin, die eben heimgekommen und in den Saal getreten waren, fingen an einzuschlafen und der ganze Hofstaat mit ihnen. Da schliefen auch die Pferde im Stall, die Hunde im Hof, die Tauben auf dem Dache, die Fliegen an der Wand, ja, das Feuer, das auf dem Herde flackerte, ward still und schlief ein, und der Braten hörte auf zu brutzeln, und der Koch, der den Küchenjungen, weil er etwas versehen hatte, an den Haaren ziehen wollte, ließ ihn los und schlief. Und der Wind legte sich, und auf den Bäumen vor dem Schloß regte sich kein Blättchen mehr.
Rings um das Schloß aber begann eine Dornenhecke zu wachsen, die jedes Jahr höher ward und endlich das ganze Schloß umzog und darüber hinauswuchs, daß gar nichts mehr davon zu sehen war, selbst nicht die Fahne auf dem Dach. Es ging aber die Sage in dem Land von dem schönen schlafenden Dornröschen, denn so ward die Königstochter genannt, also daß von Zeit zu Zeit Königssöhne kamen und durch die Hecke in das Schloß dringen wollten. Es war ihnen aber nicht möglich, denn die Dornen, als hätten sie Hände, hielten fest zusammen und die Jünglinge blieben darin hängen, konnten sich nicht wieder losmachen und starben eines jämmerlichen Todes. Nach langen Jahren kam wieder einmal ein Königssohn in das Land und hörte, wie ein alter Mann von der Dornhecke erzählte, es

sollte ein Schloß dahinter stehen, in welchem eine wunderschöne Königstochter, Dornröschen genannt, schon seit hundert Jahren schliefe, und mit ihr schliefe der König und die Königin und der ganze Hofstaat. Er wußte auch von seinem Großvater, daß schon viele Königssöhne gekommen wären und versucht hätten, durch die Dornenhecke zu dringen, aber sie wären darin hängengeblieben und eines traurigen Todes gestorben. Da sprach der Jüngling: »Ich fürchte mich nicht, ich will hinaus und das schöne Dornröschen sehen.« Der gute Alte mochte ihm abraten, wie er wollte, er hörte nicht auf seine Worte.

Nun waren aber gerade die hundert Jahre verflossen, und der Tag war gekommen, wo Dornröschen wieder erwachen sollte. Als der Königssohn sich der Dornenhecke näherte, waren es lauter große schöne Blumen, die taten sich von selbst auseinander und ließen ihn unbeschädigt hindurch, und hinter ihm taten sie sich wieder als eine Hecke zusammen. Im Schloßhof sah er die Pferde und scheckigen Jagdhunde liegen und schlafen, auf dem Dache saßen die Tauben und hatten das Köpfchen unter den Flügel gesteckt. Und als er ins Haus kam, schliefen die Fliegen an der Wand, der Koch in der Küche hielt noch die Hand, als wollte er den Jungen anpacken, und die Magd saß vor dem schwarzen Huhn, das sollte gerupft werden. Da ging er weiter und sah im Saale den ganzen Hofstaat liegen und schlafen, und oben bei dem Throne lag der König und die Königin. Da ging er noch weiter, und alles war so still, daß einer seinen Atem hören konnte, und endlich kam er zu dem Turm und öffnete die Tür zu der kleinen Stube, in welcher Dornröschen schlief. Da lag es und war so schön, daß er die Augen nicht abwenden konnte, und er bückte sich und gab ihm einen Kuß. Wie er es mit dem Kuß berührt hatte, schlug Dornröschen die Augen auf, erwachte und blickte ihn ganz freundlich an. Da gingen sie zusammen herab, und der König erwachte und die Königin und der ganze Hofstaat und sahen einander mit großen Augen an. Und die Pferde im Hof standen auf und rüttelten sich; die Jagdhunde sprangen und wedelten; die Tauben auf dem Dache zogen das Köpfchen unterm Flügel hervor, sahen umher und flogen ins Feld; die Fliegen an den Wänden krochen weiter; das Feuer in der Küche erhob sich, flackerte und kochte das Essen; der Braten fing wieder an zu brutzeln; und der Koch gab dem Jungen eine Ohrfeige, daß er schrie; und die Magd rupfte das

Huhn fertig. Und da wurde die Hochzeit des Königssohns mit dem Dornröschen in aller Pracht gefeiert, und sie lebten vergnügt bis an ihr Ende.

Dornröschen oder
Die Überwindung der Deflorations-Phobie

Dornröschen muß man lesen wie einen Traum. Die Schlüssel zur Traumdeutung, die einst Sigmund Freud, einer der phantasiebegabtesten Mediziner der Neuzeit, geschliffen hat, schließen auch hier. Das Clair-obscur des faszinierend mehrdeutigen Märchens weicht dem klaren Licht der Wissenschaft. Die Volksseele (oder was immer in ihr geschlummert hat) gibt ihr Geheimnis kund. Freilich wird es auch in diesem Falle nötig sein, die Verschärfung der Traum- (bzw. Märchen-) Zensur durch die puritanischen Märchensammler aufzuheben und fehlende oder unterdrückte Passagen hinzuzukonstruieren. Doch fangen wir an.

Ein Königspaar wünschte sich sehnlichst ein Kind. Nach langem vergeblichen Warten begegnet der Königin im Bad ein Frosch (hier ist die Verbindung mit dem Märchen »Froschkönig« angedeutet) und verkündet ihr, »ehe ein Jahr vergeht, wirst du eine Tochter zur Welt bringen«. Es soll dabei offenbleiben, ob dieser Frosch selbst der biologische (freilich nicht der rechtliche) Vater der Königstochter war oder ob es sich lediglich um einen jungen Mann handelte, der die seelische Verkrampfung der Königin im Liebesspiel zu lösen wußte, so daß sie anschließend auch von ihrem legalen Mann ein Kind empfangen konnte. Ganz deutlich ist jedenfalls der Hinweis auf die Überwindung der Sterilität durch die Begegnung der Königin mit einem »Frosch« — das heißt mit einem »Mann aus dem Volke«. Diese einleitend nur en passant erwähnte Geschichte ist deshalb für den Fortgang des Märchens wichtig, weil sie ganz offenbar bei der Königin (und durch seelische Ansteckung vermutlich auch beim König) einen Schuldkomplex hinterlassen hat, der sich dann in einer extrem repressiven Sexualerziehung ihrer heranwachsenden Tochter niedergeschlagen haben dürfte.

Die Geschichte mit der Tauffeierlichkeit, bei der eine wegen Platz- bzw. Geschirrmangels nicht eingeladene böse

Fee dem Täufling den frühen Tod und eine gute statt dessen hundertjährigen Schlaf »angewünscht« haben soll, muß als erträumte Rationalisierung von sexualrepressiven Haltungen der königlichen Eltern verstanden werden. Um diesen Zusammenhang zu verstehen, muß freilich die Grimmsche Märchenfassung auf einen hindurchschimmernden Urtext zurückgeführt werden. In diesem Text muß der Wunsch der »bösen« Fee nicht auf den Tod mit 15 Jahren, sondern umgekehrt auf eine frühe Konzeption gegangen sein. Das heißt, die Fee hat der Königstochter eine frühzeitige uneheliche Schwangerschaft angewünscht.

Man wird leicht begreifen, daß eine derartige Furcht in der lange Zeit psychisch sterilen Königin lebendig geworden war, nachdem sie selbst erst auf dem Umweg über einen »Fehltritt« zu dem lange vergeblich ersehnten Kinde gekommen war. Der Wunsch der bösen Fee ist also nichts anderes als ein Ausdruck der mütterlichen Furcht vor der alsbaldigen Wiederholung ihres eigenen Schicksals am Kinde. Der hundertjährige Schlaf aber, den die gute Fee zur Verhinderung des Unheils herbeiwünscht, ist eine emphatische Umschreibung des Wunsches der Mutter, die Tochter möge so lange wie irgend erforderlich und schicklich ihre Unberührtheit bewahren.

Das Märchen bietet noch sehr viel mehr Schlüssel, die seine freudianische Deutung stützen. Als »Todesart« der Königstochter hatte nämlich die »böse Fee« den Stich durch eine Spindel benannt. Nun ist aber bekannt, daß während des ganzen Mittelalters und noch bis ins 18. Jahrhundert hinein an den langen Winterabenden die öffentlichen Spinnstuben oft und gern als Orte erotischer Spielereien benutzt wurden, die durchaus auch zu Schwangerschaften führen konnten. Während die Mägde und Töchter des Hauses spannen, pflegten die Burschen zu singen und sich den jungen Mädchen durch Liebkosungen angenehm zu machen. Die schwache Beleuchtung durch Kienspan oder Kerze und die Tatsache, daß die ältere Generation meist schon zu Bett gegangen war, trugen dazu bei, daß die ohnehin damals weit geringere Sexualrepression vollends gelockert wurde. Wenn daher die »böse Fee« von einer Spindel spricht, die Anlaß zum Tode (oder richtiger in unserer Dechiffrierung zur

Schwangerschaft) werden soll, so deutet sie offenbar auf den Volksbrauch der Spinnstuben hin. Zugleich aber kann die Spindel auch als Symbol des Phallus und der Stich als Defloration verstanden werden[1].
Erst aufgrund dieser Erklärung wird verständlich, warum der König einen Befehl ausgehen läßt, »daß alle Spindeln im ganzen Königreich verbrannt werden sollten«. Damit fiele nämlich ganz von allein der Brauch der Spinnstuben und deren bedenkliche sexuelle Nebenfunktion dahin. Man mag sich freilich fragen, ob eine so einschneidende wirtschaftspolitische Maßnahme hätte getroffen werden können, wenn nicht zugleich der ökonomische Nutzen des Spinnens damals bereits problematisch geworden wären oder — was ich für noch wahrscheinlicher halte — der König durch englische Subsidien zu dieser für den Export der frühen britischen Textilmanufaktur höchst nützlichen Maßnahme motiviert worden wäre. Man sieht: auch hier greifen psychoanalytische Erklärungsmuster und geschichtsmaterialistische eng ineinander. Auf diese Weise ließe sich — nebenbei gesagt — auch die Entstehungszeit des Märchens sehr genau fixieren: Es müßte in dem Zeitabschnitt zwischen 1762 (Erfindung von John Wyatts Spinnmaschine) oder 1767 (Hargreaves Spinnmaschine Jenny) und der Kontinentalsperre Napoleons (1806) entstanden sein.
An einigen Stellen des Grimmschen Textes schimmert der ursprüngliche Text so deutlich hindurch, daß man sich wundern muß, daß sein wahrer Sinn erst heute erkannt wird. Es heißt nämlich z. B.: »In dem Augenblick aber, wo sie den Stich empfand, fiel sie auf das Bett nieder, das da stand, und lag in einem tiefen Schlaf.« Es muß doch jeden nüchternen Leser oder Hörer einigermaßen befremden, daß in der abgelegenen Turmkammer, wo eine alte Frau einsam an einem Spinnrad sitzt, ein Bett bereitsteht. Sehr viel plausibler erscheint es,

---

[1] Diese Deutung der »Spindel« wird nicht nur durch ihre Form nahegelegt, sondern auch durch die Worte, mit denen die Prinzessin nach ihr fragt: »Was ist das für ein Ding, das so lustig herumspringt?« Bekanntlich wird das männliche Geschlechtsorgan im Volksmund oft als »das Ding« oder »mein Ding« bezeichnet, worin sich zweifellos ein entfremdetes Verhältnis zur eigenen Geschlechtseigenschaft ausdrückt (zur Verdinglichung vgl. G. Lukács' Abhandlung über »die Verdinglichung und das Bewußtsein des Proletariats« in »Geschichte und Klassenbewußtsein«, 1923).

wenn man dagegen annimmt, dieses Bett habe den heimlichen Liebesspielen der fünfzehnjährigen Königstochter dienen sollen, die sich — als die Eltern beide ausgegangen waren — dort mit ihrem Geliebten treffen wollte. Auch die plötzlich freigesetzte Neugier des Königskindes, das — während der Anwesenheit seiner Eltern natürlich nicht im ganzen Haus nach Herzenslust herumsuchen durfte — ist verständlich als erste Form des Aufstandes gegen die sexualrepressive Erziehung (die bekanntlich stets auch Neugier reprimiert und damit Intelligenz unterdrückt).

Der hundertjährige Schlaf ist eine (beinahe möchte man meinen ironische) Übertreibung des Elternwunsches, die Tochter möge jungfräulich bleiben und doch zugleich immer so jung erscheinen wie an ihrem 15. Geburtstag. Damit sind die beiden unvereinbaren sozialen Normen der Oberklasse deutlich ausgesprochen: jugendlich-schönes Aussehen und formale Jungfräulichkeit bis zur Ehe. Eine hundertundfünfzehnjährige Braut ist sicher nichts, wonach sich normalerweise ein Prinz besonders sehnt. Wenn diese Braut aber aussieht wie 15, liegen die Dinge natürlich ganz anders.

Der letzte Akt des Märchens ist die Befreiungstat des jungen Prinzen, der durch einen einzigen Kuß Dornröschen und mit ihm das ganze Schloß samt allen seinen lebendigen Bewohnern und sogar die Elemente (Feuer) zu neuem Leben erweckt. Freilich koinzidiert in der sinnreichen Konstruktion des Märchens diese erfolgreiche Befreiungs- und Erweckungstat auf den Tag genau mit dem Ablauf der hundertjährigen Schlafzeit, so daß das Wunder im Grunde — modern ausgedrückt — auf das »richtige Timing« sich reduziert, auf das es ja in Fragen heterosexueller Kooperation in der Tat entscheidend ankommt. Der Befreiungskuß symbolisiert aber — und das ist der reale Gehalt dieser Episode — die Überwindung der Deflorationsphobie, unter der die Prinzessin angesichts der panischen Angst ihrer Eltern vor einer vorzeitigen Schwangerschaft zweifellos gelitten haben dürfte. Die um hundert Jahre hinausgeschobene Jungfrauenschaft mußte noch die reaktionärsten Eltern befriedigen und konnte zur sofortigen Aufhebung der striktesten Sexualtabus führen.

Erst jetzt konnte sich das Leben in dem verwunschenen Schloß wieder regen. Alles Leben stammt ja nach Hesiod, Empedokles oder Dante aus dem Eros. Biologisches Leben gibt es nicht ohne Eros, und auch das anorganische (wie die Verbrennung) steht in unserer Erzählung ganz offenbar als Symbol für den Eros selbst. Selbst die Freisetzung von männlicher Aggressivität (hier durch die Ohrfeigen austeilenden Koch symbolisiert) hängt mit der erotischen Befreiungstat des Prinzen zusammen. Natürlich kann solche Assoziation von männlicher Sexualität und Aggression kritisiert werden, sie entspricht aber ganz der bürgerlichen Tradition jener Zeit. Nichts erfährt man allerdings von den wirtschaftspolitischen Folgen des Schlafes und des verzögerten Wiedererwachens. Es wäre immerhin denkbar, daß aus bevölkerungspolitischen Gründen dem König inzwischen auch die Wiedererrichtung von Spinnstuben erwünscht erscheint und daß z. B. die Kontinentalsperre für englische Importe, die Napoleon verhängte, zu erneuter Ankurbelung heimischer Textilerzeugung zwang. Zugleich könnte es sein, daß mit der glücklichen standesgemäßen Verheiratung der Tochter der psychische Komplex der Königin eine Metamorphose durchmacht, der sie in einer religiösen Neurose enden läßt (es ist die Zeit der katholisierenden Romantik). Der Märchenerzähler hat es aber vorgezogen, die Geschichte umgekehrt wie im alltäglichen Leben — mit einer symbolischen Defloration beginnen und mit einem prinzlichen Kuß enden zu lassen, womit unterstrichen wird, daß die Märchenzeit nicht unsere eindimensionale und lineare Allerweltszeit ist.

Nachwort zur Taschenbuchausgabe

Über ein Jahr nach Veröffentlichung des Märchenverwirrbuches läßt sich einiges über seine Wirkung sagen. Meine Befürchtungen haben sich nicht bewahrheitet. Die meisten Kollegen und jüngeren Leser zeigten mehr Humor, als ich ihnen zugetraut hatte. Immerhin gab es ein paar verständnislose Polemiken und bitterernste Zurechtweisungen. Auf die gelegentlich gestellte Frage, »was ich mit den Märchen bewirken wolle?« kann ich zunächst einmal nur antworten: mir selbst und dem Leser Vergnügen bereiten. Sodann: Verkrampfungen lockern, mit Methoden spielen und damit zur Nachahmung reizen, Kreativität einüben, monokausale Deutungsschemata relativieren. Besonders hat es mich gefreut, daß »richtige Märchenforscher« wie Max Lüthy mich verstanden haben: es ging und geht mir nicht um eine »Zerstörung« der alten Märchen. Im Gegenteil, ich glaube, daß sie auch dem noch so eingreifenden Deutungs- und Verwirrspiel standhalten. Ihre Vieldeutigkeit (und Verwirrbarkeit) macht gerade ihre Größe aus. »Scherz, Ernst, Satire und immer wieder tiefere Bedeutung«, die Robert Minder dem Verwirrbuch nachsagt, konnte nun deshalb an Hand der Märchentexte entwickelt werden, weil sie es ermöglichen. Zugleich reizt der zum glatten Klischee geronnene Traditionszusammenhang zu verjüngender Verwirrung.
Am meisten hat es mich gefreut, daß hier und da Kinder und ganze Schulklassen sich selbst ans Märchen-Verwirren gemacht und auch einige Kollegen es nicht für unter ihrer Würde angesehen haben, sich diesem Hobby an Feiertagen zu widmen.
Eine Schulklasse von 11jährigen in Braunschweig hat es unternommen, einen Schlußteil zu den beiden Märchen »der Wolf und die sieben Geißlein«, »die Geiß und die sieben Wölflein« hinzuzuerfinden. Dabei hat vermutlich die Lehrerin auf die Wünschbarkeit einer Versöhnung und der Beendigung des Streites zwischen Wölfen und Geißen hingewiesen, dennoch haben die Kinder höchst originelle Alternativen entwickelt. Die kürzeste Story lautet:
»Als Mutter Wolf erfuhr, daß Vater Wolf gestorben war, hei-

ratete sie einen neuen Wolfsmann. Eines Tages brachten beide Mütter zufällig ihre sieben Kinder zum gleichen Kindergarten. Sie plauderten miteinander und schlossen Freundschaft. Dann gingen sie nach Hause und lebten glücklich bis an ihr Ende.«

Die meisten Kinder mochten sich aber mit einer so problemlosen Versöhnung nicht abfinden. An ihre Stelle setzten sie die Rache:

»Als der Wolfsvater nicht in seine Höhle zurückkam, waren alle sehr bedrückt, aber man mußte sich nun einmal damit abfinden. Die jungen Wölfe wurden immer größer, bald waren sie so schlau und groß wie einst ihr Vater. Das jüngste, aber stärkste Wölflein hatte seinen Vater sehr geliebt, nun wollte es Rache nehmen an der Geiß. Das war kein Kunststück, denn die Geiß war inzwischen alt und unbeholfen; auch sehen konnte sie nicht gut. Nur eine Schwierigkeit war da. Immer ein Geißlein blieb bei der Mutter, um sie zu beschützen. Doch da fiel dem Wolf eine List ein, er wollte unter einem Vorwand das Geißlein von der Mutter weglocken. Unterdessen würde er Mutter Geiß überrumpeln und dann verschwinden. Gesagt — getan! Der Wolf zog los. Als er an den Geißenstall kam, sagte er mit verstellter Stimme: ›Schnell, Bruder, komm, wir, deine Geschwister sind vom Wolf bedroht, du mußt uns rasch helfen. Ich laufe schon voraus, denn ich muß noch andere Hilfe holen!‹ In Wirklichkeit aber stand der Wolf hinter der Stalltüre und wartete darauf, daß das Geißlein verschwinden würde. Als es weggelaufen war, überwältigte er Mutter Geiß und trollte befriedigt von seinem Rachezug heim. Nun hatte er seinen Vater gerächt. Moral: deshalb können sich bis heute Wölfe und Geißen nicht vertragen.«

Eine ganze Reihe Kinder kombiniert die Rache mit einer anschließenden Versöhnung, wobei meist die alte Geiß getötet wird, während Mutter Wolf dann die Waisenkinder zu sich nach Hause nimmt. Ein Märchen-Erzähler kommt auch auf die Idee Frau Geiß der Wölfin erzählen zu lassen, ihr seliger Geißbock sei gleichfalls ertrunken, so daß sich die beiden Witwen im gemeinsamen Leid finden und einander helfen können.
Amüsant ist auch die Lösung des Aggressionspotentials zwi-

schen Geißen und Wölfen durch sportlichen Wettkampf! Man könnte beinahe an einen jungen Konrad-Lorenz-Leser denken.

»Nachdem der Wolfsvater ertrunken war, begegneten sich der Wolf (gemeint die Wolfswitwe) und die Geiß einmal auf dem Weg zum Wasser. Da sagte die Geiß voller Haß: ›Ich kann jetzt fünf Meter hoch springen und du nicht!‹ ›Das glaube ich nicht‹, erwiderte die Wölfin, ›und wenn du das kannst, dann schaffe ich zehn Meter.‹ Da lachte die Geiß: ›Und wenn du nicht glaubst, daß ich fünf Meter hoch springen kann, dann zeige ich es dir heute nachmittag auf der Wiese.‹ So gingen beide auseinander. Am Nachmittag trafen sie sich. Da sagte die Wölfin: ›Nun zeig mal, was du kannst‹! Da nahm die Geiß Anlauf und sprang. Aber sie sprang nicht einmal zwei Meter hoch. Da lachte die Wölfin und sprang auch. Sie kam ein bißchen höher, aber es waren längst nicht zehn Meter. Da lachten beide und vertrugen sich wieder. Von nun an lebten sie in Frieden.«

Die Auflösung durch das schamvolle Lachen beider Wettkämpfer über ihre eigenen Leistungsphantasien ist freilich mehr als die Abreaktion von Aggressivität durch Wettkampfsport. Interessant ist auch, wie selbstverständlich das Kind Haß und Aggressivität mit Leistungskonkurrenz in Verbindung bringt. Überhaupt ist das Problem der Aggressivität den Kindern keineswegs fremd. Das Märchen erlaubt ihnen eigene Aggressivität zu artikulieren — weil es sich ja nicht um Realität handelt, für die eine konventionelle Zwangsmoral gilt. Sicher ist es kein Zufall, daß die Aggressivität sich auf die alte Geiß konzentriert und die kleinen Geißlein, mit denen sich die Kinder identifizieren, von ihr ausgenommen werden. Am deutlichsten wird das in der folgenden Geschichte:

»Die Wölfin will sich wieder rächen. Sie geht zum Kaufmann und holt Salzsäure. Mit der Salzsäure schleicht sie sich zum Haus der Geiß. Dann geht sie zum Brunnen, schüttet Salzsäure hinein und verschwindet im Wald. Nach einer Weile kommt die Geiß heraus, um Wasser zu holen. Sie will gleich einen Schluck probieren. Sie probiert — und fällt auf der Stelle tot um. Nun tritt die Wölfin aus dem Wald hervor. Sie nimmt die kleinen Geißlein als ihre Kinder auf. Jetzt leben sie in Frieden weiter.«

Unter den preisgekrönten Märchen von Kindern der Biberacher Schulen (1973) drückt nur eins — recht unerwartet — deutlich Aggressivität aus.
Es ist eine modernisierte Version des Rotkäppchen:

»Es war einmal ein Mädchen von neun Jahren. Jedermann nannte es Rotkäppchen, weil es immer ein rotes Käppchen aufhatte. Eines Tages sagte die Mutter: ›Heute muß ich in die Stadt. Du gehst zur Oma!‹ Doch dahin ging Rotkäppchen nicht gern. Erstens war es bei ihr langweilig, zweitens konnte sie sie nicht leiden. ›Daß ich mir auch sicher bin, du gehst zur Oma‹, sagte die Mutter, ›bestell' ich dir ein Taxi.‹ Rotkäppchen antwortet: ›Och, schon wieder dahin? Ich habe keine Lust, zur Oma zu gehen.‹ Da fiel ihr plötzlich etwas ein. Sie hatte vor einer Woche mit dem Wolf ausgemacht, daß die Oma doch ruhig von der Welt verschwinden könnte. Ja, und das war der Plan. Sie wollten sie umbringen. Nun wollte Rotkäppchen doch gehen. Aber verraten durfte sie natürlich nichts, denn das war ein Geheimnis. Schon hupte ein Taxi vor der Tür. Rotkäppchen rannte hinaus und stieg ein. ›Zur großen Waldeiche‹, rief es dem Taxifahrer zu. Und schon waren sie dort. Rotkäppchen bezahlte und stieg aus. Kurz entschlossen lief es auf das Haus vom Wolf zu. Sofort kam er heraus. Doch hinter einem Busch lauschte eine Freundin von Rotkäppchen. Der Wolf und Rotkäppchen besprachen nochmals jede Einzelheit ihres Plans. So erfuhr Rotkäppchens Freundin von dem Plan. Als sie alles besprochen hatten, liefen sie los. Rotkäppchens Freundin verfolgte sie. Dort war schon das Haus der Oma zu sehen. Leise stieß der Wolf die Haustür auf, die angelehnt war, und sie traten ein. Unbemerkt schlich sich auch die Freundin ein. Rotkäppchen wollte nicht zuschauen, wie der Wolf die Oma verschlang, sondern versteckte sich lieber hinter dem Schlafzimmerschrank. Nun war der große Augenblick gekommen! Der Wolf stürzte sich über die Oma und schwupp, verschlang er sie. Als dieses die Freundin sah, rannte sie fort und kam mit ihrem Vater wieder zurück. Er arbeitete hier irgendwo und war Tierarzt. Er schnitt den Bauch des Wolfes auf und zog vorsichtig die Oma heraus. Sie war noch lebend! Als der Wolf gesund war, kamen sie vor Gericht. Ordnung muß sein! Sie waren wegen Mordversuch angeklagt. Das Urteil lautete: Rotkäppchen bekam 3 Tage Freiheitsentzug und eine Geldbuße von monatlich 5 DM. Der Wolf bekam ebenfalls 3 Tage Freiheitsentzug und eine Geldbuße von monatlich 5 DM. Beide mußten ihr Leben lang daran zahlen. Die Freundin aber durfte mit dem Jumbo-Jet nach Hawaii fliegen. Und was die beiden Übeltäter betrifft: Wenn sie nicht gestorben sind, so zahlen sie heute noch.«

An diesem Text sind zweifellos zahlreiche äußere Einflüsse ablesbar. Fernseh-Krimis prägen Ausdrucksweise und »plot«, aber die Aggressivität gegen die eigne Großmutter dürfte echter Erfahrung entspringen. — Die Modernisierung drückt sich in der Distanziertheit des Kindes gegenüber Eltern und Großeltern, aber auch in der »aufgeklärten« Einführung des Veterinärarztes als kompetenten Oma-Befreiers aus. Erstaunlich ist die niedrige Strafe für einen »Mordversuch«, wobei Rotkäppchen wegen »Anstiftung« zu belangen gewesen wäre. Am kühnsten aber bleibt die Wendung, die aus dem Doppelopfer Großmutter und Enkelin einen gemeinsamen Anschlag von Wolf und Rotkäppchen gegen die Großmutter macht.
Ein anderer jugendlicher Erzähler läßt das Rotkäppchen u. a. »ein Ersatzteil von einer Nähmaschine« mitbringen und verwandelt den gefährlichen Wolf in einen kranken Schäferhund, den Rotmütze (ein Junge) gesundpflegen und behalten darf. Aufschlußreicher ist die gelungene Aktualisierung des Dornröschens durch eine Zwölfjährige. Hier wird der königliche Vater durch einen Fabrikanten ersetzt, und an die Stelle der Feen treten »Klubkameraden«, von denen einer in seiner Jugend vergeblich um die Hand der Fabrikantenfrau angehalten hatte. Diese Frau ist inzwischen gestorben, aber ihre Tochter — Dornröschen — sieht ihr ähnlich. Damit ist das Drama exponiert:

»Als der Arzt (der Klubkamerad Nr. 13) sah, wie sehr das Mädchen seiner Mutter glich, wollte er es heiraten. Aber Angelika wies ihn ab, weil sie mit dem jungen, aber armen Thomas verlobt war, den ihr Vater allerdings nicht gern als Schwiegersohn haben wollte. Blind vor Wut stürzte der Arzt davon und dachte sich in der kommenden Zeit einen Plan aus, das Mädchen doch noch zu kriegen. Als der Fabrikant einmal verreist war, besuchte er Angelika und gab ihr eine Betäubungsspritze. Dann trug er sie zu seinem Boot und fuhr mit ihr davon. In den Bergen besaß er eine Hütte, dort quartierte er Angelika mit einer ihm treuen Dienerin ein. Und jedes Mal, wenn das Mädchen soweit bei Bewußtsein war, um Fragen zu stellen oder wegzulaufen, bekam es eine neue Spritze. Alle Nachforschungen des Vaters und der Polizei waren vergeblich, der schlaue Arzt hatte keine Spuren hinterlassen. Auch Thomas suchte nach Angelika. Er fing an, die engsten Freunde des Fabrikanten auszuhorchen. Der Arzt wurde natürlich auch von ihm überwacht, und so stellte Thomas fest, daß dieser früher ab und zu ins Gebirge gefahren war, das er nun aber immer öfter tat. Als er ihm folgte, wurde er geschickt abgeschüttelt, und nun wußte Thomas, daß der Arzt etwas zu verbergen hatte. Er mietete einen Hubschrauber und suchte gründlich Berg für Berg und Tal für Tal nach seiner Angelika ab. Eines Tages entdeckte er einen winzigen Rauch, der sich aus einem Gebüsch kringelte. Darin muß sich doch ein Haus verstecken, dachte Thomas und landete in der Nähe. Leise und vorsichtig schlich er sich heran und beobachtete, was in der von Rosen zugewachsenen Hütte vor sich ging. So entdeckte er den Arzt mit seinen Spritzen. Wütend drang er ins Haus und schlug dem Verbrecher die Faust auf den Kopf. Er schleppte ihn gefesselt in den Hubschrauber. Als sich Angelika von ihrem Schreck erholt hatte, durfte sie ihren Retter Thomas heiraten.«

Auch hier sind die Krimi-Elemente unverkennbar. Wiederum ist es ein Arzt, der eine Schlüsselfunktion übernimmt, sogar die auf solche Art entmythologisierte der mit Zauberkräften ausgestatteten Fee. Die Oberflächlichkeit konventioneller Geselligkeit, die selbst verbrecherische Akte nicht ausschließt, aktualisiert den Haß der bösen Fee. Schließlich: wenn Kindern beim Versuch der Modernisierung von Märchen so leicht Kriminalstorys einfallen, dann liegt das vielleicht auch daran, daß diese heute – im TV-Zeitalter mehr denn je – die Funktion von Märchen übernommen haben. Meist siegt ja auch in ihnen noch das (oder der) Gute und Macht und List stehen zueinander oft genug in einem ähnlichen Verhältnis wie im klassischen Märchen. Jedenfalls gilt das für eine Art Detektivgeschichten, die Ernst Bloch dadurch gekennzeichnet sieht, daß der kleine, schwache, nur auf sich gestellte Privatdetektiv die allmächtige (korrupte, faule oder einfach unfähige) Polizei wie die großen Verbrecherbanden besiegt. Ein moderner heiliger Georg oder wenigstens ein tapferes Schneiderlein. Trivialliteratur (und – Film) übernimmt die Funktion von

Volksmärchen, deshalb können jene auch so leicht in diese übersetzt werden. Das Produzieren solcher moderner Märchen aber könnte zumindest dazu beitragen, von den fixen Klischees der Trivialliteratur frei zu werden. Auch wenn die Versatzstücke »aufgegriffen« wurden, bleiben diese Kinder-Märchen doch gelungene Äußerungen lebendiger Kreativität.
Ein bißchen traurig macht mich nur die Reaktion eines Lesers, der schon auf die Veröffentlichung der Hänsel-und-Gretel-Verwirrung in der Frankfurter Rundschau eine bitterernste Anklage formuliert hatte, die ich für Ironie halten mußte. »Hat man erst einmal die Basis der materialistischen Geschichts- (und Geschichten-) Interpretation verlassen, gerät man unversehens in die Fallen bürgerlicher Begriffsbildung.« Er meint, man dürfe den Eltern nicht die Kindsaussetzung anlasten, da sie ja »Opfer des kapitalistischen Systems seien« und der Wald nur für die undurchdringliche und gefährliche Wirklichkeit dieses Systems stehe. Die Hexe mit ihrem luxuriösen Haus müsse man aber als Symbol des Kapitalismus ansehen, das daher auch — mit Hilfe des umfunktionierten Backofens vernichtet werden dürfe. Gewiß, diese Deutung ist möglich, und ich hatte sie ursprünglich auch — allerdings als anarchistische — geplant, dann aber schien mir das Moment der unbefragten Hexenverfolgung doch ausschlaggebender zu sein. Will man einmal ganz bitterernst diskutieren, dann sprechen gerade auch die von meinem Kritiker erwähnten Momente für diese Interpretation. Eltern und Kinder sind sich — außerstande, die Gesellschaftsordnung kritisch zu durchschauen — darin einig, daß es »Hexen« gibt, denen man die Schuld fürs eigene Mißgeschick zuschreiben darf. Ihre Gewalttat gegenüber dem wehrlosen alten Weib mag daher »symbolisch intendiert« sein: Unbewußt wehren sich die Armen gegen die Wirtschaftsordnung, unter der sie leben, aber faktisch schlagen sie eben doch nur auf arme und schwache einzelne ein, die ebenso Opfer sind wie sie selbst. Aber es ging hier gar nicht so sehr um die korrekte Interpretation, sondern um ein — leider typisches Beispiel — für den advokatorischen Mißbrauch des Marxismus. Bei jedem eigenen oder als sympathisch akzeptierten Akt der Gewalt und der Aggression wird der Systemzwang als Entlastungsgrund eilfertig herangezogen, aber bei »den andren« personalisiert und moralisiert man ohne jede kritische Hemmung. Gerade Marx hat aber (z. B. im Vorwort zur ersten Auflage des ›Kapital‹) immer darauf hinge-

wiesen, daß es nicht seine Absicht sein könne, Kapitalist und Grundeigentümer »verantwortlich zu machen für Verhältnisse, deren Geschöpf er sozial bleibt, so sehr er sich auch subjektiv über sie erheben mag«. Der gleiche Kritiker meint in einem Brief mein »dilletierender Humor müsse sich, öffentlich gemacht, Spott und Rüge unterziehen« (er meint »zuziehen«). Damit trifft er sich — vermutlich zu seiner Überraschung — mit dem Bayernkurier, der in einem Artikel gegen »die Mär vom Haß bourgeoiser Ziegen« zu Felde zieht. Wenn der bayrische Verfasser freilich meint, mich zu einer »neuen autoritären Welle« rechnen zu können, die »im Gefolge der Antiautoritären« auftauche, so hat er die Märchenverwirrungen gründlich mißverstanden. Mehr möchte ich nicht gern zur Entwirrung der Verwirrten tun, denn sonst würde ich ja meine eignen Bemühungen zunichte machen.

Frankfurt, Januar 1974

Robert Neumann
2×2=5
oder
Eine Anleitung zum Rechtbehalten
160 Seiten mit 12 vierfarbigen Collagen
von Helga Ruppert-Tribian

Vierzig Jahre lang hat Robert Neumann sich
mit der Idee getragen, eine ganz spezifische Kunst zu
erläutern: wie man recht behält, obwohl man
im Unrecht ist. Seine ursprünglich auf zehn Bände
geplante systematische Gebrauchsanweisung
für alle Lebenslagen ist vorerst auf ein Thema
begrenzt: aufs Rechtbehalten gegenüber Frauen.
Noch immer führt nämlich eine gerade Linie
von den Matriarchaten in Polynesien und Zentralafrika zum heutigen abendländischen Zustand.

Wenn ein Mann wie Robert Neumann,
ohne mit der Wimper zu zucken, behauptet, in seinem
neuen Buch »echte literarische Funde« und
nicht etwa Parodien zu bieten, so muß man dies
selbstverständlich mit Respekt und gebührendem
Unglauben zur Kenntnis nehmen. Mit
hochwissenschaftlichem Ernst präsentiert Neumann
unbekannte Textstellen aus dem Werk von
zwanzig Autoren: von Sigmund Freud über
James Joyce bis Peter Handke und Ernst Jandl.

claassen Verlag GmbH
4 Düsseldorf, Postfach 9229

Die Welt der Märchen

Afrikanische Märchen
Hg.: Friedrich Becker
Bd. 969

Chinesische Märchen
Hg.: Josef Guter
Bd. 1408

Deutsche Volksmärchen seit Grimm
Bd. 1175

Französische Märchen
Bd. 1153

Keltische Märchen
Hg.: Frederik Hetmann
Bd. 1593

Koreanische Märchen
Hg.: Traute Scharf
Bd. 1365

Indianermärchen aus Nordamerika
Hg.: Frederik Hetmann
Bd. 1110

Indische Märchen
Bd. 1137

Südamerikanische Märchen
Hg.: Felix Karlinger
Bd. 1337

Irische Märchen
Hg.: Frederik Hetmann
Bd. 1225

Japanische Märchen
Hg.: Toschio Ozawa
Bd. 1469

Jugoslawische Märchen
Hg.: Joseph Schütz
Bd. 1289

Märchen aus Mallorca
Nacherzählt von Alexander Mehdevi
Bd. 1526

Märchen des Schwarzen Amerika
Hg.: Frederik Hetmann
Bd. 1497

Märchen, Sagen und Fabeln der Hottentotten und Kaffern
Hg.: Ulrich Benzel
Bd. 1614

Nordamerikanische Märchen
Hg.: Frederik Hetmann
Bd. 1390

Seemanns-Sagen und Schiffer-Märchen
Hg.: Rolf L. Temming
Bd. 1377

Skandinavische Märchen
Hg.: Heinz Barüske
Bd. 1321

Spanische Märchen
Bd. 1203

Vietnamesische Märchen
Hg.: Pham Duy Khiêm
Bd. 925

FISCHER
TASCHENBÜCHER

DAS SCHMÖKER KABINETT

**Wilhelmine Heimburg
Lumpenmüllers
Lieschen**
Roman. Bd. 1434

**C.F. Marryat
Peter Simpel**
Roman. Bd. 1441

**Balduin Möllhausen
Die Mandanen-Waise**
Roman. Bd. 1449

**Eugenie Marlitt
Goldelse**
Roman. Bd. 1473

Reichsgräfin Gisela
Roman. Bd. 1555

Das Heideprinzeßchen
Roman. Bd. 1607

**Karl May
Die Sklaven der Arbeit**
Roman. Bd. 1480

**Gabriel Ferry
Der Waldläufer**
Roman. Bd. 1/2, 1486/1487

**Julius Stinde
Familie Buchholz**
Roman. Bd. 1525

Frau Wilhelmine Buchholz
Roman. Bd. 1585

**Philipp Galen
Der Irre von
St. James**
Roman. Bd. 1506

**Balduin Möllhausen
Die Kinder des
Sträflings**
Roman. Bd. 1513

**Marcus Clarke
Deportiert auf Lebenszeit**
Roman. Bd. 1537

**Emmuska Baroneß Orczy
Scarlet Pimpernel oder
Das scharlachrote Siegel**
Roman. Bd. 1531

**Jules Verne
Mathias Sandorf**
Roman. Bd. 1565

**Mayne Reid
Die Skalpjäger**
Roman. Bd. 1578

**Sophie Wörishöffer
Onnen Visser
Der Schmugglersohn
von Norderney**
Roman. Bd. 1594

**Mary Elizabeth Braddon
Lady Audley's Geheimnis**
Roman. Bd. 1618

FISCHER
TASCHENBÜCHER

Jules Verne

Werke in 20 Bänden

Der Fischer Taschenbuch Verlag präsentiert seinen Lesern die erste Taschenbuchausgabe der Werke von Jules Verne. Junge Schriftsteller haben das Werk dieses Autors, das am Beginn der modernen Tatsachenliteratur steht, für den Leser unserer Zeit neu übersetzt und eingerichtet. Die Bände sind einzeln und komplett in Kassette lieferbar.

Reise zum Mittelpunkt der Erde

Fünf Wochen im Ballon

Die Kinder des Kapitäns Grant

Von der Erde zum Mond

Reise um den Mond

20 000 Meilen unter den Meeren

Reise um die Erde in 80 Tagen

Die geheimnisvolle Insel

Der Kurier des Zaren

Die 500 Millionen der Begum

Der Schuß am Kilimandscharo

Der Stahlelefant

Keraban der Starrkopf

Das Karpatenschloß/ Katastrophe im Atlantik

Meister Antifers wunderbare Abenteuer

Zwei Jahre Ferien

Die Jagd nach dem Meteor

Die Propellerinsel

Reise durch das Sonnensystem

Die Eissphinx

FISCHER
TASCHENBÜCHER